KB201040

깨침 아리랑

깨침 아리랑

펴낸날 ‖ 2017년 2월 21일 초판 발행
지은이 ‖ 대현
펴낸이 ‖ 유영일

펴낸곳 ‖ 올리브나무   신고번호 제2002-000042호
        경기도 고양시 일산동구 정발산로 82번길 10, 705동 101호
        전화 070-8274-1226, 010-7755-2261
        팩스 031-629-6983   E메일 yoyoyi91@naver.com

반포처 ‖ 경남 산청군 시천면 지리산대로 1440-28 정각사
        전화 055-972-1109, 010-9772-4588

값 15,000원

ISBN 978-89-93620-60-3 03220

대현 지음

"나"를 떠나서는 십리도 못 가
발병 나리니
여보게들, 제발 제발
이 "나"를 깊이 깊이 참구하여 보세나.
길은 안으로 안으로 놓여져 있다네.
아리랑 아리랑 아라리요
아리랑 고개로 넘어간다.

머리말

아-리랑 아-리랑 아라-리요
아-리랑 고개-로 넘-어간다

　　우리 민족은 지구촌 어느 곳에 둥지를 틀고 살아가든지 아리랑 노래만 나오면 가슴이 뭉클해지고 눈물이 고입니다. 아리랑이라는 세 글자 속에 우리 민족만이 갖고 있는 한(恨)이 서려 있기 때문이 아닐까요?

　　저는 가사 한 구절 한 구절마다 서려 있는 한을 풀어 보았습니다. 아리랑의 가사 속에는 통곡, 분노, 항변, 절규, 그리고 피와 반란이 숨어 있습니다. 그러면 이 아리랑은 도대체 언제 어느 때 누구에 의하여 처음으로 불려지게 되었을까? 늘 마음속에 의심하고 있었습니다. 그러다가 어느 문헌에서 그 실마리를 찾았습니다. 아리랑은 단순한 연가(戀歌)가 아니라 어느 스님이 도를 깨닫고, 깨달음을 노래한 것임을 알았습니다. 노래 가사에 담긴 사연을 알고 부르거나 들으면 가슴에 와 닿는 감동이 배나 더 진하게 느껴지리라고 생각합니다.

　　우리 민족의 삶 속에는 아리랑과 마찬가지로 밑바닥에 깔려 있는 정신적인 전통이 있습니다. 우리 모두가 물려받아야 할 미풍양속은 무엇이며, 우리네 살림살이가 진정한 밑천으로 삼아야 할 것들은 무엇인지를 찾아보았습니다. 우리 가정에서 관혼상제 때

늘 빠뜨리지 않고 올리는 실과(實果)인 밤, 대추, 곶감에 담긴 민족의 교훈과, 종종 날 찾아와 주신 지인들과 차를 마시면서 하던 이야기들도 적어 보았습니다.

　　그리고 옴 명상법은 특별한 수행처를 찾을 것 없이 누구든지 가정에서 누구의 지도 없이도 할 수 있습니다. 옴 명상과 함께 행해지는 심호흡은 체내의 노폐물을 배출시키므로 체세포가 활성화되어 면역력이 강화되어 모든 질병을 물리칠 수 있고, 또 뇌세포가 활성화되어 기억력, 창의력, 암기력, 집중력을 높여주고, 치매를 걱정하지 않아도 될 정도로 건강하고 젊은 뇌를 계속 유지하게 해줍니다.

　　고도로 발달된 기계문명과 자본주의 체제가 밀착하여 무한경쟁으로만 치닫게 하는 가운데 현대인은 극심한 정신적 스트레스로 지쳐 있습니다. 지나친 스트레스 때문에 자기중심적으로 자기보호의 방어선을 구축하고 거짓 나에 갇혀 불안과 초조 속에 떨고 있습니다. "깨침 아리랑"은 거짓 나를 버리고 참나를 깨달아 대자유의 길을 성취하는 데에 응원꾼이 되어주고자 쓰여졌습니다. 피가 돌고 맥박이 뛰는 살아 있는 깨달음, "아리랑" 속에 다 함께 빠져들었으면 합니다.

2017년 2월
대현 합장

깨침
아리랑

차 례

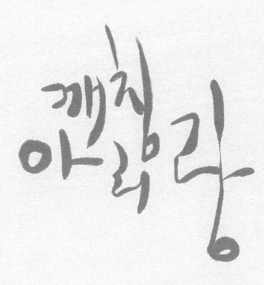

첫 번째 마당

깨침 아리랑

진묵대사는 자신이 깨달아 얻은 경계를 아리랑이라는 노랫말로 농민들과 어울려 부르며 만경 뜰을 오가곤 했습니다. 세속인들은 진묵대사의 깊고 깊은 오묘한 경지를 이해하지는 못하지만, 그 흥겨운 가락이 너무 좋아 자기네들의 한을 실어 아리랑의 후렴을 붙여 부르기 시작했습니다.

본조(本調) 아리랑

(후렴) 아-리랑 아-리랑 아라-리요
　　　아-리랑 고개-로 넘-어간다

　　　나를 버리고 가시는 님은
　　　십리도 못 가서 발병난다

(후렴) 아-리랑 아-리랑 아라-리요
　　　아-리랑 고개-로 넘-어간다

　　　십오야 밝은 달 구름 속에 놀고
　　　이십 안짝 저 큰애기 내 품안에 논다

(후렴) 아-리랑 아-리랑 아라-리요
　　　아-리랑 고개-로 넘-어간다

　　　청천 하늘엔 잔별도 많고

이 내 가슴엔 수심도 많다

(후렴) 아-리랑 아-리랑 아라-리요
　　　아-리랑 고개-로 넘-어간다

　　우리는 언제부터인가 기쁠 때나 슬플 때나 아리랑을 불러
왔습니다. 우리 민족은 '아리랑 민족'이라고 불릴 만큼 지구촌
어느 곳에 둥지를 틀고 살아가든지, 아리랑 노래만 나오면 가슴이
뭉클해지고 눈물이 고입니다. 아리랑이라는 세 글자 속에는 우리
민족만이 갖고 있는 한(恨)이 서려 있기 때문이 아닐까요?
　　그러면 '아리랑'이라는 세 글자의 뜻은 무엇일까요? 혹자는
'아리랑'의 '아리'는 '고운'이라는 뜻의 옛말이고, '랑'은 '임'을
가리킨다고 합니다. 옛 글에서는 '아리'가 '아름답다', '곱다',
'아름다운'의 뜻으로 쓰였다고 하는데 그 흔적을 현대 한국어
'아리따운'(아리+다운)에서 찾을 수 있습니다. 그래서 '아리랑'은
'고운 임'을 뜻한다고 합니다.
　　그런가 하면 '아'는 '나 아(我)', '리'는 '떠날 리(離)', '랑'은
'사내 랑(郞)'으로 풀이하여, '나와 헤어진 남자', 즉 '날 버린
남자'라는 뜻이라고도 할 수 있습니다.
　　우리나라에는 여러 아리랑이 있습니다만, 그 중에서도 4대
아리랑을 손꼽습니다. 본조(本調) 아리랑, 밀양 아리랑, 정선 아리
랑, 진도 아리랑입니다.
　　아리랑에는 저마다 연고지가 있습니다. 밀양 아리랑은 경상
북도 밀양, 정선 아리랑은 강원도 정선, 진도 아리랑은 전라남도

진도, 그러면 본조 아리랑의 연고지는 어디일까요? 우리가 제일 많이 부르는 본조 아리랑의 연고지는 전라남도 강진입니다. 느리고 슬픈 곡조로 부릅니다.

나를 버리고 가시는 임은
십리도 못 가서 발병 난다

(후렴) 아-리랑 아-리랑 아라-리요
아-리랑 고개-로 넘-어간다

'나를 버리고 가시는 임은 십리도 못 가서 발병 난다.'라는 말씀은, 한 맺힌 한 여인의 절규입니다. '나를 버리고 가는 늑대 같은 사내놈아, 십리도 못 가서 발목이 또각 부러져 버려라'라고 외치는 것만 같습니다.

왜 이런 가사가 나왔을까요?

강진에는 고려나 조선시대의 많은 사대부들이 바른 말을 하다가 왕의 노여움을 샀거나 정적에게 밀려 귀양살이를 가는 곳입니다. 귀양살이를 가면 관에서는 귀양객을 감옥에 가두어 관리하지 않고 주막집 뒷방을 마련해 줍니다. 그리고는 고을 밖을 벗어나지 말라고 합니다. 얼마 전까지만 해도 큰 벼슬을 하여 큰소리치던 사대부들은 이젠 창살 없는 감옥살이 신세가 될 수밖에 없습니다. 도망쳐서 산중 승려가 될 수도 없고, 머슴살이를 할 수도 없습니다. 그저 상감마마께서 귀양을 풀어 다시 불러줄 때까지 기다리는 수밖에 없습니다.

귀양객에게 가장 고통스러운 것은 외로움입니다.

관리들도 귀양객을 함부로 홀대할 수가 없습니다. 정국이 바뀌면 귀양살이가 풀리고 왕이 불러들여 복직되어 갈 수도 있기 때문입니다. 그렇다고 해서 가까이 할 수도 없습니다. 왜냐하면 죄인이기 때문에 너무 가까이 했다가는 화를 입을 수도 있기 때문입니다. 그러다 보니 아무도 가까이 하여 말벗이 되어주는 사람이 없습니다. 유일하게 상대할 수 있는 사람은 세 끼 식사 시간에 밥을 가져다주는 스물 안짝 주모의 딸입니다.

주막집 딸아이가 밥상만 들이밀어 놓고 가려고 하면 "얘야, 잠시 거기 앉아 봐라." 하고는, "넌 참 예쁘고 복스럽게 생겼구나. 앞으로 좋은 데로 시집가서 잘 살겠구나. 그런데 상감마마가 사시는 궁궐이 어떻게 생겼는지 아느냐?…" 궁궐은 어떠어떠하고, 상감마마는 어떤 분이며, 왕비마마는 어떻게 생겼으며, 어떤 옷을 입고, 왕자님과 공주님은 어떠어떠하다고, 평민들로서는 상상하기 힘든 세계를 이야기하여 주막집 딸의 귀를 현혹시킵니다. 자기 자신은 무슨 벼슬을 했으며, 고래등 같은 기와집에 하인들이 몇 명이 되며 재산이 어떠하다는 등 자랑을 늘어놓기도 합니다.

남녀가 오감(五感) 중에 유혹에 약한 부분이 조금씩 다릅니다. 여자는 귀가 약합니다. 그래서 여자에게는 사랑한다, 좋아한다, 예뻐졌다, 날씬해졌다는 등의 칭찬을 많이 해야 합니다. 그러면 그 말이 진정이 아닌 것을 알면서도 기분이 좋아져서 입이 벌어집니다.

여자들이 또 하나 약한 곳이 있습니다. 촉각, 즉 스킨터치에 약합니다. 그래서 서양 남자들은 아내에게 늘 키스해 주고, 안아 줍니다.

남자는 눈이 약합니다. 옆에 있는 아내에게 "난 당신이 이 세상에서 제일 예뻐. 난 당신밖에 몰라." 이렇게 말해 놓고서도 날씬하고 어여쁜 여자가 지나가면 눈이 그쪽으로 돌아갑니다. 그리고 남자는 코도 약합니다. 동물들도 수컷들은 코가 예민하여 암컷의 냄새를 맡고 멀리서 찾아옵니다. 여자들이 값비싼 향수를 몸에 뿌리는 것은 남자들의 코를 자극하여 유혹하기 위함입니다.

남녀가 똑같이 약한 곳이 있습니다. 혀(舌), 즉 미각(味覺)입니다. 남녀 관계없이 배가 고프면 먹는 것 외에는 아무것도 보이지 않습니다. 그래서 남녀가 데이트 할 때 사랑을 고백하려면 분위기 있는 곳에서 맛있는 음식을 먹인 후 프러포즈를 해야 성공 가능성이 높아집니다.

서울에서 온 귀양살이 벼슬아치는 주막집 딸을 온갖 감언이설로 먼저 귀를 공략한 다음, 손금을 봐준다고 손을 내밀게 합니다. 손을 만지작거리며 스킨터치로 소녀의 마음을 흔들기 시작합니다. "네 손금을 보니 귀한 사람을 만나 호강할 운이다."라고 하면서, 나를 따라 한양을 가면 호강을 시켜주겠다고 몇 번이고 약속을 합니다.

주모의 딸은 처음에는 믿지 않지만 자주 반복하여 듣게 되면 귀가 약해져서 슬그머니 넘어가고 맙니다. 그리하여 마음을 빼앗기면 몸을 주고 맙니다. 몸과 마음을 다 빼앗긴 주모의 딸은 왕이 다시 불러 한양으로 돌아갈 때에는 자기를 데리고 가겠노라 는 약속을 꼭 지켜 달라고 몇 번이고 다짐을 받습니다. 그러면 한양 벼슬아치는 "암, 널 데리고 가고말고."라고 하면서 안심을 시킵니다.

그러다가 세월이 흘러 왕으로부터 죄가 사면이 되고 귀양살 이가 풀리면, 벼슬아치는 한양에 갈 차비를 합니다. 주모의 딸도 한양 낭군 따라갈 생각에 마음이 들뜹니다.

강진에서 한양까지 걸어서 가자면 족히 열흘은 더 걸릴 것입 니다. 옷과 짚신, 미숫가루 등을 단단히 챙겨 가지고 한양 벼슬아치 가 떠나는 날, 주막집 딸은 마을을 벗어나는 고갯마루로 먼저 가서, 바위 뒤에 숨어서 한양 낭군이 오기만을 기다립니다.

한양 벼슬아치는 주모의 딸이 보이지 않자 잘 됐다고 생각하 고는 고갯마루에 이르러 잠깐 숨을 돌립니다. 그런데 바로 그때, 바위 뒤에 숨어 있던 그녀가 폴짝 뛰어나옵니다. '아차, 이거 어쩌나. 저 애를 데리고 갈 처지가 못 되지 않나.' 자못 당황하게 됩니다. 어떻게 하면 저 애를 떨어뜨려 놓을까? 고민합니다. 그러 다가 고작 이렇게 말합니다.

"얘야, 니 집에 돌아가서 기다려라. 그러면 내가 한양 가서 네 거처를 마련해 놓고, 이내 널 데려오라고 사람을 보내겠다. 그때까지 조금만 기다려 다오."

이 말을 들은 주막집 딸은 하늘이 무너지는 것 같지만 어찌할 수가 없습니다.

"아! 속았구나. 한양 샌님 믿지 말라 하더니만, 아이구! 내 신세야." 그녀는 눈물을 흘리면서 고갯마루에 서서 저 멀리 멀어져 가는 한양 낭군님을 바라보면서 노래를 부릅니다. "나를 버리고 가시는 임은 십리도 못 가서 발병 난다." 이 얼마나 한 맺힌 여인의 절규입니까? 이 고개가 아리랑 고개입니다.

> 십오야 밝은 달 구름 속에 놀고
> 이십 안짝 저 큰애기 내 품안에 논다
>
> (후렴) 아-리랑 아-리랑 아라-리요
> 아-리랑 고개-로 넘-어간다

　두 번째 가사 '십오야(十五夜) 밝은 달'은 '둥근 보름달'을 가리키는 말입니다. 둥근 보름달이 숨바꼭질을 하는 것처럼 구름 속을 들락날락하는 모습을 그리고 있습니다.
　'이십 안짝 저 큰애기 내 품안에 논다'는 십팔구 세 여자아이를 안고 논다는 것으로서 어린 여자애를 농락한다는 뜻입니다.
　정약용 선생도 강진에서 18년 동안 귀양살이 중 7년은 강진 읍내 주막집 뒷방에서 지냈습니다.

> 청천 하늘에 잔별도 많고
> 이내 가슴엔 수심도 많다
>
> (후렴) 아-리랑 아-리랑 아라-리요
> 아-리랑 고개-로 넘-어간다

한양 간 낭군님이 이내 사람을 보내 데려간다고 해놓고 일 년이 지나고 2년이 지나도 소식이 없게 되자, 순진한 큰애기의 가슴은 그리움에 지쳐 아라리가 났습니다. 아라리는 상사병입니다. 그리워하다가 원망하다가 가슴이 동백꽃처럼 빨갛게 피멍이 들었습니다. 밤이 깊었어도 잠을 이루지 못하고 뜰에 나와 별빛만 총총한 밤하늘을 올려다보며, 원망과 분노와 통곡과 피맺힌 그리 움으로 병이 깊어 죽어갑니다.

죽어가면서 죽거들랑 시신을 한양 낭군님과 헤어지던 고개 에 묻어 달라고 유언을 남깁니다. 날 버린 남자, 아무리 미워도 한 번 준 정절이기에 잊지 못하고, 혹시나 자기를 부르러 오는 심부름꾼이 고갯마루에 올라와 무덤가에 쉬어 간다면 혼백이라도 그 모습을 보고 한이 풀릴 것 같아서입니다.

전라도 지방에서는 시집, 장가 못 간 처녀 총각 무덤은 봉분을 만들지 않습니다. 봉분 없는 주모의 딸 무덤 위에는 밤마다 임 그리워 피는 꽃이 피어납니다. 해가 중천에 뜨면 시들어 버리는 노란 달맞이꽃입니다.

강진 지방이 연고지가 되어 불러지게 된 본조(강진) 아리랑은 이러한 피 묻은 통곡과 분노, 항변, 절규의 사연이 숨어 있습니다.

밀양 아리랑

밀양 아리랑은 경상도 사람들의 강한 사투리 발음에 영향을 받아 노랫가락이 경쾌하며 음색이 강합니다.

날 좀 보소 날 좀 보소 날 좀 보소
동지섣달 꽃 본 듯이 날 좀 보소

(후렴) 아리아리랑 쓰리쓰리랑 아라리가 났네
아리랑 고개로 날 넘겨주소.

정든 임이 오시는데 인사를 못해
행주치마 입에 물고 입만 방긋

(후렴) 아리아리랑 쓰리쓰리랑 아라리가 났네
아리랑 고개로 날 넘겨주소.

다 틀렸네 다 틀렸네 다 틀렸네
가마 타고 시집가긴 다 틀렸네

(후렴) 아리아리랑 쓰리쓰리랑 아라리가 났네
아리랑 고개로 날 넘겨주소.

전라도는 산이 적고 평야가 넓어 논밭이 많아서 많은 곡물이 생산되어 먹거리가 풍부합니다.

결혼잔치, 회갑잔치, 장례식, 제사 같은 대소사가 있으면 가까운 친척이나 이웃 아낙네들이 서로 도와서 음식을 만듭니다. 식자재가 풍부하니 아낙네들은 서로 솜씨자랑을 하여 음식을 만들다보니 서로 음식 만드는 법을 배우게 되어 전라도 여인들은 대부분 음식솜씨가 좋습니다.

행사가 끝나면 푸짐한 음식과 술을 나누어 먹고, 배가 부르고 술에 취하면 춤을 추고 노래를 부르게 마련입니다. 그래서 전라도 사람들은 흥이 넘치고 아리랑 또는 육자배기 한 가락 정도는 해야 잔칫집에서 어울릴 수 있습니다. 거지들도 판소리 한 구절이나 단가, 품바타령을 할 줄 알아야 밥 빌어먹는 데 어려움이 없습니다. 지금도 남아 있는 품바타령이 그 잔재물입니다.

경상도는 산이 많고 농토가 적어 농산물 생산이 적기 때문에 식량과 부식을 늘 아껴야 합니다. 그래서 음식이 짜고 맵습니다. 먹고살기가 힘들므로 공부를 해서 과거에 급제하여 벼슬길에 나가야 가문을 빛내고 생활고를 면할 수 있었습니다. 그래서 경상도에는 향교와 서원과 서당이 많았습니다.

향교는 국가에서 세운 국립교육기관이요, 서원은 훌륭한 학자를 중심으로 지방 유지들이 재산을 출자하여 세운 사립교육기관입니다. 서당은 보통 훈장이 자기 집 사랑채에 이십여 명 정도의 학동들을 모아놓고 가르치는 사설 학원이라고 할 수 있습니다.

경상도 사람들은 세 끼 밥을 먹지 못하더라도 자식은 서당에 보내 공부를 시켰습니다. 그래서 경상도 밀양 근방에는 마을 건너 하나씩 서당이 있을 정도로 많았습니다. 서당은 남아들만 다니는데, 칠팔 세의 아동에서 이십여 세의 청년들도 있었습니다.

훈장 집에는 십칠팔 세 되는 딸이 있는 경우가 많습니다. 그러면 나이 든 학동들은 그녀에게 관심을 끌기 위해 갖가지 장난을 치고, 노골적으로 쪽지를 보내어 사랑을 고백하기도 합니다. 하지만 훈장 따님도 보는 눈이 있고 귀로 판단할 줄 아는 지혜가 있는지라, 쉽사리 마음의 문을 열지 않습니다.

손님이 오게 되면 딸이 주안상을 갖고 들어가 훈장인 아버지와 손님 간에 오가는 대화를 듣곤 합니다.

"다가오는 과거시험에는 선생님의 제자들 중 몇 명이나 갑니까?"

"서넛이 갈 것 같습니다."

"어느 집 자제가 제일 유망한가요?"

"아랫마을 박 아무개 자제가 뛰어납니다."

이런 대화를 들은 그녀는 마음속 깊이 새겨듣고는, 자기가 봐도 잘 생긴 얼굴에 귀티가 나고 행실이 점잖아서 마음에 두었는데, 자신의 느낌이 옳았다고 안심하고는 마음으로 결정을 짓습니다. 그 뒤부터는 훈장의 딸이 오히려 적극적으로 박 군에게 다가갑니다. 두 남녀는 점차 가까워져서 사랑이 싹트기 시작합니다. 그러나 아랫마을 박 군의 집은 너무도 가난하여 세 때 밥도 제대로 챙겨 먹지 못할 지경입니다.

그래도 훈장님 가정은 학동들로부터 학비를 받는 데다가 논밭이 어느 정도 있어서 여유로운 생활을 합니다. 박 군의 사정을 잘 알고 있는 그녀는 다른 사람들의 눈을 피해 손짓으로 불러내어 누룽지나 군고구마, 군 감자, 제사떡 같은 간단한 먹거리를 치마폭에 감추었다가 줍니다. 그렇게 밀회를 즐기면서 사랑을 키웁니다.

때가 되어 여러 고을 여러 서당에서 학동들이 과거시험을 보려고 한양으로 올라갑니다. 그런데 모든 학동들이 과거시험에 다 낙방하고 아랫마을 박 군만 장원급제를 하게 됩니다. 낙방한 학동들은 바로 고향으로 돌아오지만, 장원급제한 박 군은 연수교육을 받아야 하기 때문에 고향에 돌아오지 못합니다.

박 군이 장원급제 하였다는 소문이 전해지자 박 군의 부모와 훈장님은 기뻐하지만, 누구보다도 훈장 따님이 기뻐서 어쩔 줄을 몰라 합니다. 연수교육을 마치고 6개월여 만에 박 군이 금의환향합니다. 이런 좋은 경사에 잔치가 없을 수 없습니다. 그러나 박 군의 집 형편이 너무도 가난하고 좁아 많은 사람을 초청하여 잔치를 벌일 수 없자, 훈장님 집에서 잔치를 하게 됩니다.

고을 어른들과 학동들을 초청하여 잔치를 여는데, 잔칫상에는 음식이 푸짐해야 합니다. 그래서 부엌에서는 많은 음식을 만들려고 여러 여인네들이 분주합니다. 훈장 따님도 행주치마를 앞에 두르고 부엌에서 음식 만드는 것을 거듭니다. 그러나 음식 만드는 데 도움을 주기보다는 부엌 문 앞에서 서성거리며 부엌을 들락날락하기만 합니다. 그러다가 다른 여인에게 야단을 맞아도 싱글벙글 어쩔 줄 몰라 합니다. 그녀가 이러는 것은 한시라도 빨리 사랑하는 낭군 박 군을 보고프기 때문입니다. 그리도 보고픈 임이 마침내 대문 안으로 들어섭니다.

훈장 따님은 그 순간 심장이 터질 것 같은 감정으로 가슴만
두근거릴 뿐, 어찌할 바를 모르며 얼굴이 붉게 달아올라 부끄러워
행주치마를 입에 물고 엉덩이를 살짝 흔들면서 부엌 안으로 들어
섭니다. 밀양 아리랑은 바로 그 장면을 포착하여 노래한 것입니다.

정든 임이 오시는데 인사를 못해
행주치마 입에 물고 입만 방긋

(후렴) 아리아리랑 쓰리쓰리랑 아라리가 났네
아리랑 고개로 날 넘겨주소

곱고 고운 우리 낭군 보고파서
쓰리고 쓰리는 가슴앓이를 앓았네
오늘 밤은 황홀한 무아의 고개로 날 넘겨주소

밀양 골 전체가 박 군의 장원급제 이야기로 삶에 대한 활기가
넘쳐흐를 때, 젊은 청소년들의 향학열을 고취시키기 위해 밀양
부사가 장원급제한 박 군에게 말과 주악대(奏樂隊)를 보내어 마을
을 돌게 합니다.

임금님이 하사한 관복을 입고 말을 탄 박 군 앞에서는 주악대
가 풍악을 울리면서 마을 마을을 돕니다. 머리 위 관모에는 임금님
이 하사한 어사화를 꽂았습니다. 어사화는 비단으로 접시꽃을
만들어 장원급제한 선비에게 내려주는 조화입니다.

접시꽃을 관모에 꽂게 된 사연이 있습니다.

옛날에 가난한 젊은 선비의 아내가 있었습니다. 가난하지만 남편을 과거에 급제시키기 위해서 온갖 고생을 하면서 공부하는 남편 뒷바라지를 했습니다. 몇 번 과거시험에 낙방했는데도 남편을 격려하여 뜻을 굽히지 않고 과거 시험공부를 하도록 했습니다. 안 입고 안 먹고 고된 일을 해서 모은 돈으로 남편을 과거장에 보냈습니다. 아내의 지극한 정성으로 그 선비는 과거에 장원급제를 했습니다. 과거장에 같이 간 친구들은 낙방하여 먼저 고향에 돌아왔고, 그 선비는 몇 달 뒤에 고향에 돌아왔습니다. 고향집에 들러서 제일 먼저 아내를 찾았습니다.

그런데 아내는 보이지 않았습니다. 아내가 어디 갔느냐고 물으니, 너무 못 먹고 고생만 하여 병이 들어 얼마 전에 죽었다는 것입니다. 아내는 과거에 급제하여 금의환향하는 남편을 그리워하다가 죽어가면서도, 자신의 시신을 한양에서 오는 길목 고갯마루에 묻어달라고 했답니다.

고갯마루에 가보니 아내의 무덤 위에 두 줄기 접시꽃이 피어 있어, 그 꽃이 아내의 혼백이라 생각한 선비는 그 꽃을 꺾어 머리 위 관모에 꽂고 마을을 돌았다고 합니다. 이 사연을 들은 임금님께서 그 뒤로 장원급제한 선비에게 비단으로 접시꽃을 만들어 하사하여 관모에 꽂도록 했다고 합니다.

북, 징, 장고, 꽹과리 등 사물놀이와 함께 구성진 피리 소리로 풍악을 울리는 가운데, 장원급제한 박 군은 사모관대를 하고 머리 위 관모에 어사화를 꽂고 마을 마을을 돕니다. 그러면 길가에는 많은 남녀노소가 나와서 화려한 환영 퍼레이드를 구경하면서 박수치며 함께 기뻐합니다.

젊은 남자아이들은 나도 열심히 공부하여 저렇게 과거시험에 장원급제하여 가문을 빛내야겠다고 단단한 각오와 다짐을 합니다. 젊은 여아들은 저런 낭군을 만나 시집간다면 얼마나 행복할까, 부러워합니다. 나이 많은 어른들은 저런 자식을 두어 가문의 번창과 영광을 이루어야 하지 않겠는가 생각하고 자식교육에 더욱 힘을 쓰게 됩니다.

이 많은 환영객 속에 훈장의 따님도 끼어 있습니다. 그녀는 누구보다도 가슴 설레면서 미래의 남편이 될 낭군님이 자기 앞을 지나가기를 애타게 기다립니다. 밀양 아리랑은 바로 이 순간 그녀의 마음을 대변합니다.

날 좀 보소 날 좀 보소 날 좀 보소
동지섣달 꽃 본 듯이 날 좀 보소

(후렴) 아리아리랑 쓰리쓰리랑 아라리가 났네
아리랑 고개로 날 넘겨주소

추운 겨울 동지섣달에는 밀양 지방에서는 꽃을 볼 수가 없습니다. 그 귀한 동지섣달 꽃 본 듯이 반가운 기색으로 내 앞을 지나가면서, 말 위에서 바라보며 눈짓 한번 손짓 한번 해달라는 소녀의 간절한 기도문입니다.

박 군이 과거시험에 장원급제를 하자 여러 권세가에서 사위를 삼고자 박 군의 집에 매파를 보냅니다. 그리하여 박 군의 의사와 관계없이 어른들끼리 혼사를 정하고 맙니다.

박 군이 부모님께 훈장 따님과 백년가약을 했노라 해도 부모님은 "무슨 소리냐! ○○ 사는 김 참판 댁 따님하고 혼사를 맺어야지. 그래야 네가 출세하는 데 큰 도움이 되느니라." 하고 막무가내로 박 군의 마음을 이해하지 못하고 일방적으로 결정을 하고 맙니다.

박 군하고 ○○ 사는 김 참판 댁 따님하고 결혼한다는 청첩장이 돌고 소문이 퍼지자, 훈장 따님은 시름에 젖어 배신감으로 마음에 한이 서립니다. 혼인날이 가까워지자 박 군도 마음이 아파 견디기 어렵지만, 결혼식 전에 한번쯤은 훈장 따님을 만나 자기의 마음을 털어놓고 용서를 빌어야 하겠기에, 사람을 시켜 쪽지를 보냅니다.

둘이서 종종 만나 사랑을 키웠던 추억과 낭만이 깃든 그 장소에서 만난 박 군은 말합니다.

"나는 잠시도 우리의 약속을 잊은 적이 없습니다. 그러나 부모님들이 내가 그대와 백년가약을 맺었다고 말씀을 드렸어도 내 말을 무시한 채 결정한 일이에요. 어쩌면 좋아요?"

이 말을 들은 그녀는 이렇게 말하면서 울며 돌아섭니다.

"당신만 행복해질 수 있다면 저는 아무렇지도 않아요."

여기서 나온 밀양 아리랑의 가사는 이렇습니다.

다 틀렸네 다 틀렸네 다 틀렸네
가마 타고 시집 가긴 다 틀렸네

(후렴) 아리아리랑 쓰리쓰리랑 아라리가 났네
       아리랑 고개로 날 넘겨주소

정선 아리랑

(후렴) 아리랑 아리랑 아라리오
       아리랑 고개 고개로 나를 넘겨주게

       눈이 올려나 비가 올려나 억수장마 질려나
       만수산 검은 구름이 막 모여든다

(후렴) 아리랑 아리랑 아라리오
       아리랑 고개 고개로 나를 넘겨주게

       아우라지 뱃사공아 배 좀 건네주게
       싸리골 올동백이 다 떨어진다

(후렴) 아리랑 아리랑 아라리오
       아리랑 고개 고개로 나를 넘겨주게

       떨어진 동백은 낙엽에나 쌓이지
       사시장철 임 그리워서 나는 못살겠네

(후렴) 아리랑 아리랑 아라리오
       아리랑 고개 고개로 나를 넘겨주게

28

정선 지방은 1,000미터가 넘는 산이 10개가 넘고, 넘나드는 고개가 높아서 비행기를 탄 듯 높다는 비행기재 마전치(麻田峙, 651m), 별을 만지듯 높다는 성마령(星摩嶺, 867m), 임계를 가려면 반점치(半点峙), 큰너근령, 작은너근령(700m) 등 숨이 턱에 차는 고개가 많습니다.

그리고 벼농사를 지을 땅은 매우 적고 가파른 비탈 밭에서 옥수수, 콩, 감자를 심어서 수확하여 고개를 넘으면서 노래를 부르다보니 숨이 찹니다. 그래서 정선 아리랑은 느리고 숨찬 목소리로 단조롭게 불러야 합니다.

> 아우라지 뱃사공아 배 좀 건네주게
> 싸리골 올동백이 다 떨어진다
>
> (후렴) 아리랑 아리랑 아라리오
> 아리랑 고개 고개로 나를 넘겨주게

여량리와 유천리 사이에 아우라지내(朝陽江)가 흐릅니다. 여량리 사는 처녀와 유천리 사는 총각이 깊은 사랑에 빠졌습니다. 여량리 처녀는 유천리 싸리골 동백을 따러 간다는 핑계로 매일 아우라지 나루터에서 배를 타고 건너가 유천리 총각을 만나 임도 보고 동백도 땁니다.

여기서 말하는 동백은 이미자 씨가 부른 남쪽 지방에서 자라나 사철 푸르고 겨울철에 빨갛게 피는 동백이 아닙니다. 강원도 정선 지방은 겨울이 길고 눈이 많이 내리고 추위가 매서워 사철 푸른 동백은 자랄 수 없습니다.

정선 지방에서 말하는 동백은 봄 일찍이 산수유 꽃처럼 잎 없는 가지에 노랗게 꽃을 피우는 일명 생강나무를 말합니다. 이 나무의 줄기를 잘게 잘라서 솥에 넣고 끓이면, 생강 냄새가 나고 생강 우린 맛이 납니다. 봄에 부드러운 잎을 따서 찹쌀 풀을 쑤어서 바른 다음 말려서 기름에 튀기면 맛있는 부각이 됩니다. 줄기는 약용으로, 열매는 식용 또는 약용으로 쓰입니다.

여량리 처녀는 하루라도 유천리 총각을 만나지 못하면 상사병이 납니다. 그런데 비가 많이 와서 강물이 불어나고 거세어지면 뱃사공이 배를 띄우지 않습니다. 그러면 처녀는 안달이 나서 나루터에 와서 강 건너 유천리를 바라보면서 거센 강물을 원망합니다.

눈이 올려나 비가 올려나 억수장마 질려나
만수산 검은 구름이 막 모여든다

(후렴) 아리랑 아리랑 아라리오
아리랑 고개 고개로 나를 넘겨주게

만수산(萬壽山)에 구름이 모여들면 큰비가 온다는데, 검은 구름이 막 모여들어 큰비가 올 징조를 보이니, 큰비가 오면 강물이 불어나고 거세져서 뱃사공이 배를 띄우지 못할 것이고, 그러면 강을 건너지 못해 임을 만나지 못할까 걱정입니다.

떨어진 동백은 낙엽에나 쌓이지
사시장철 임 그리워 나는 못살겠네

(후렴) 아리랑 아리랑 아라리오
　　　아리랑 고개 고개로 나를 넘겨주게

　떨어진 동백열매는 푹신한 낙엽에 쌓여 행복한 단꿈을 꾸며
내년 봄이면 뿌리를 내리고 싹을 틔우겠지만, 사시장철 임이
그리운 처녀는 돌아가 포근하게 안길 품이 없습니다. 임은 돌부처
처럼 처녀의 마음을 알아주지 못하니 안타까울 뿐입니다.

강원도 아리랑

(후렴) 아리아리 쓰리쓰리 아라리요
　　　아리아리 고개로 넘어간다

　　　아리랑 고개에다 주막집을 짓고
　　　정든 임 오기만 기다린다

(후렴) 아리아리 쓰리쓰리 아라리요
　　　아리아리 고개로 넘어간다

　　　아주까리 동백아 열지 마라

누구를 괴자고 머리에 기름

(후렴) 아리아리 쓰리쓰리 아라리요
　　　아리아리 고개로 넘어간다

열라는 콩 팥은 왜 아니 열고
　　　아주까리 동백만 여는가

(후렴) 아리아리 쓰리쓰리 아라리요
　　　아리아리 고개로 넘어간다

"아리아리 쓰리쓰리 아라리요"
'아리아리'는 마음에 병이 들어 가슴이 아리고 아리며, '쓰리쓰리'는 병든 가슴이 쓰리고 쓰리는, '아라리' 상사병이 났다는 뜻입니다.
　"아리아리 고개로 넘어간다"는 정신이 황홀하여 꿈도 아니요 현실도 아닌 비몽사몽간(非夢似夢間)에 헤맨다는 뜻입니다.

　　　아리랑 고개에다 주막집을 짓고
　　　정든 임 오기만 기다린다

(후렴) 아리아리 쓰리쓰리 아라리요
　　　아리아리 고개로 넘어간다

강릉 장터로 가는 길목의 고갯마루에 젊고 예쁜 과부가 주막집을 짓고 술장사를 합니다. 워낙 얼굴이 예쁘고 몸매가 요염한지라 뭇 사내들이 이 고개를 넘다가 들르지 않을 수가 없습니다.

산골마을에서 콩, 팥, 옥수수 농사를 짓는 젊은 사내들이 수확을 하여 강릉 장터에 가서 팔고 집으로 오던 길, 이 고개 주막집에 들러 과부의 미모와 애교에 홀리어 술값으로 돈을 다 쓰고 빈 손으로 집에 돌아옵니다. 집에서 기다리던 아내는 남편이 술값으로 돈을 다 쓰고 빈 손으로 돌아오니 남편이 야속하겠지만, 더욱 미운 것은 주막집 과부입니다.

  아주까리 동백아 열지 마라
  누구를 괴자고 머리에 기름

(후렴) 아리아리 쓰리쓰리 아라리요
  아리아리 고개로 넘어간다

주막집 과부는 얼굴도 예쁘고 피부도 곱지만 무엇보다도 머릿결이 검고 윤기가 흘러 뭇 사내들이 홀 딱 빠집니다. 그렇게 머릿결이 윤기가 흐르고 고운 것은 아주까리나 동백씨로 짠 기름을 발라서입니다. 사내들이 이런 주막집 과부를 좋아하는 것을 보고, 아내들은 아주까리와 동백만 보면 주막집 과부를 떠올리게 됩니다.

아주까리와 동백기름은 어둠을 밝히는 등잔불 기름으로 쓰이고 여자들의 머릿기름으로 쓰입니다. 동백기름은 식용으로 쓰이는 유용한 식물이지만 주막집 과부를 생각나게 하기에 얄미워합니다.

열라는 콩 팥은 왜 아니 열고
아주까리 동백만 여는가

(후렴) 아리아리 쓰리쓰리 아라리요
아리아리 고개로 넘어간다

아주까리와 동백이 잘 열리는 해에는 콩과 팥이 잘 열리지 않고, 콩과 팥이 잘 열리는 해는 아주까리와 동백이 잘 열리지 않습니다. 가뭄이 든 해에는 콩과 팥이 잘 열리지 않지만, 아주까리와 동백은 잘 열리고, 비가 충분히 오는 해에는 아주까리와 동백이 잘 열리지 않지만, 콩과 팥은 잘 열립니다. 아주까리와 동백, 콩과 팥은 공유하기가 힘든 작물입니다.

강원도 아리랑은 특히 강릉 단오절이면 남녀노소 없이 경쾌한 가락으로 불려 왔습니다.

진도 아리랑

(후렴) 아리아리랑 쓰리쓰리랑 아라리가 났네 헤헤
      아아리랑 응응응 아라리가 났네

      문경새재는 웬 고갠가
      굽이야 굽이 굽이 눈물이 난다

(후렴) 아리아리랑 쓰리쓰리랑 아라리가 났네 헤헤
      아아리랑 응응응 아라리가 났네

      아침에 우는 새는 배가 고파서 울고요
      저녁에 우는 새는 임이 그리워 운다

(후렴) 아리아리랑 쓰리쓰리랑 아라리가 났네 헤헤
      아아리랑 응응응 아라리가 났네

      씨엄씨 죽으라고 고사를 지낸께
      친정엄매 죽었다고 기별이 왔네

(후렴) 아리아리랑 쓰리쓰리랑 아라리가 났네 헤헤
      아아리랑 응응응 아라리가 났네

      노다 가소 노다나 가소
      저 달이 떴다 지도록 노다나 가소

(후렴) 아리아리랑 쓰리쓰리랑 아라리가 났네 헤헤
아아리랑 응응응 아라리가 났네

　　진도는 우리나라 섬 중에서 제주도, 거제도 다음으로 큰 섬입니다. 진도는 섬이지만 물이 풍부하고 농토가 많아 곡식이 많이 생산되고, 어획량이 많아 생활이 윤택한 곳입니다. 그래서인지 풍류와 예술과 멋이 있는 고장입니다.

　　농사철이 지나면 사내들은 바다에 나가 고기를 잡는데, 종종 바다에서 돌아오지 못하곤 하여 젊은 과부가 많습니다. 섬인 데다 곡물이 풍족해서인지 무속이 발달하여 굿판이 자주 열리는 고장입니다.

　　국가무형문화재 72호로 지정되어 있는 진도 씻김굿은, 망자가 생전에 지은 죄를 씻고 원한을 풀게 함으로써 그 영혼을 극락세계로 인도하는 무제(巫祭)입니다. 진도 씻김굿은 춤과 노래로써 신에게 빌고, 소복(素服) 차림을 한 무당이 죽은 자의 후손으로 하여금 죽은 자의 영혼과 접하게 하여 생시에 못 다한 말과 한을 풀도록 하게 합니다.

문경새재는 웬 고갠가
굽이야 굽이 굽이 눈물이 난다.

(후렴) 아리아리랑 쓰리쓰리랑 아라리가 났네 헤헤
아아리랑 응응응 아라리가 났네

36

전라남도 진도와 경상북도 문경새재와는 지역적으로 거리가 멀리 떨어져 있는데, 무슨 사연이 있어서 진도 사람들은 이런 노랫말을 제일 앞세우는 것일까요?

무당이 되는 경우는 세 가지가 있습니다. 세습무당과 학습무당, 강신무당입니다. 세습 무당은 부모로부터 물려받은 경우요, 학습무당은 무당 밑에서 굿하는 것을 배워 익힌 경우요, 강신무당은 어느 날 갑자기 신이 씌어 어쩔 수 없이 내림굿을 하여 무당이 되는 경우입니다.

진도 땅에 잘 생긴 총각 무당 박수가 있었습니다. 이 총각 무당은 어려서 부모를 잃고 의지할 곳이 없는데, 무당 할매가 데려다 키워 그 밑에서 자라면서 자연적으로 무속을 익혀 무당이 된 경우입니다.

이 총각 무당은 얼굴도 잘 생겼고, 풍채도 좋고, 기골이 당당하며, 목소리가 좋아 소리를 잘 했습니다. 그래서 젊은 여인들 간에 사모하는 자들이 많았습니다. 그 중 한 젊은 유부녀와 정분이 났습니다. 하지만 이 사실이 들통 나는 바람에 무당은 그녀 남편으로부터 맞아 죽게 될 처지에 놓였습니다. 하는 수 없이 야반도주를 하여, 진도를 떠나 육지로 건너갔습니다. 이곳저곳을 떠돌다가 경상도 안동까지 흘러가, 어느 잘 사는 양반집의 머슴이 되었습니다. 머슴살이를 하는 동안 양반집 딸이 이 총각을 좋아하여 사랑에 빠지게 되었습니다.

양반집 딸은 부모님이 머슴살이 총각과 결혼을 허락하지 않을 것을 알고는 머슴과 함께 야반도주를 감행했습니다. 두 남녀는 이곳저곳을 떠돌며 정착하려고 노력을 했습니다. 그러다가 문경새재를 넘게 됩니다. 문경새재는 새도 넘기 힘들다 하여 새재 또는 조령(鳥嶺)이라고도 합니다.

문경새재는 조선시대 한양에서 동래 부산까지 이어지는 영남대로의 중간쯤에 속하며, 영남권 선비들이 과거시험을 보기 위해 안동과 대구를 거쳐 한양으로 가던 길목에 있습니다. 그러니 과거시험을 보러 가는 선비들은 꼭 문경 새재를 넘어야 했습니다. 문경은 '들을 문(聞)', '경사 경(慶)' 즉 '경사스러운 소식을 듣는다'는 뜻을 지닌 지명입니다. 이곳을 지나면 과거에 합격했다는 경사스러운 소식을 들을 수 있다고 믿었기 때문입니다.

새재는 산세가 험하고 민가가 멀기 때문에 과거를 보러 가는 선비의 주머니를 노리고 산적들이 출몰하는 일이 잦았습니다. 그래서 새재를 넘을 때는 많은 사람들이 모여 죽창을 들고 무장을 하고 가거나 호위병을 채용하여 넘었다고 합니다. 진도 총각과 안동 양반집 규수는 이곳을 넘다가 산적들에게 잡혔습니다. 하지만 갖은 고생 끝에 탈출에 성공하게 되자, 죽어도 고향에 가서 죽자고 마음먹고는 안동 양반집 규수를 데리고 진도로 돌아왔습니다.

진도에 돌아와 보니 옛날 정분을 나누던 여인은 아들이 하나 딸린 과부가 되어 있었습니다. 그녀의 남편은 바다에 나갔다가 돌아오지 않은 채 여러 해째 소식이 없었습니다. 고향에 다시 돌아오자 고향사람들이 반가워하며, 박수 총각이 어여쁜 양반집 규수를 데리고 왔다고 시끌벅적 난리가 났습니다.

고향에 돌아온 그는 다시 무당 노릇을 하면서 데리고 온 색시에게 무속을 학습시켜 신 내림굿을 해서 학습무당이 되게 했습니다. 이들 두 남녀가 씻김굿을 하던 중 제주의 조상들의 영혼을 청하여 푸짐하게 차린 제사음식을 흠향(歆饗)하게 하고 즐겁게 해주기 위해서 흥겨운 노래를 불렀는데, 바로 이 대목이 진도 아리랑이 되었다고 합니다.

진도 아리랑에는 여러 각 지방의 아리랑 중에 들어 있는 후렴구에 들어 있지 않은 응응응~ 하며 아주 간드러지는 대목이 있습니다. 혹자는 이 대목을 희열을 못 이기고 터져 나오는 여자의 소리라고 합니다. 그래서 진도 아리랑은 흥겨우면서도 간드러지게 부릅니다.

아침에 우는 새는 배가 고파서 울고요
저녁에 우는 새는 임이 그리워 운다

(후렴) 아리아리랑 쓰리쓰리랑 아라리가 났네 헤헤
아아리랑 응응응 아라리가 났네

젊은 과부가 밤이면 밤마다 외롭고 외로워 바다에 나갔다가 돌아오지 못한 남편, 혹은 박수 총각을 그리워하면서 잠을 이루지 못하고 괴로워하는 몸부림을 표현한 것입니다.

씨엄씨 죽으라고 고사를 지낸께
친정엄매 죽었다고 기별이 왔네

(후렴) 아리아리랑 쓰리쓰리랑 아라리가 났네 헤헤
　　　아아리랑 응응응 아라리가 났네

　　남편이 아들 하나를 둔 후 바다에 나갔다가 돌아오지 못하자, 젊은 과부는 아들 하나에 온 정을 다 쏟았습니다. 아들이 나이가 들어 장가를 보내자, 어미는 멀리 하고 자기 색시하고만 좋아 못 사니 질투가 나서 견딜 수가 없습니다. 그래서 며느리를 구박합니다. 아들과 며느리가 잠자는 방을 인기척도 없이 갑자기 방문을 여는가 하면, 심지어는 아들과 며느리 사이에 누워 버리기까지 합니다. 며느리는 이런 씨엄씨가 미워서 못 살 정도입니다. 그래서 씨엄씨 몰래 쌀을 훔쳐갖고 무당을 찾아가 신당에다 떡을 해놓고 씨엄씨 죽으라고 고사를 지냈는데, 죽으라는 씨엄씨는 죽지 않고 오히려 신의 노여움을 사 친정엄매가 죽어 기별이 온 것입니다.

　　　　노다 가소 노다나 가소
　　　　저 달이 떴다 지도록 노다나 가소

(후렴) 아리아리랑 쓰리쓰리랑 아라리가 났네 헤헤
　　　아아리랑 응응응 아라리가 났네

　　오랜만에 반가운 임(박수 무당)이 왔는데, 하룻밤도 놀아주지 않고 바로 간다 하니, 외로운 이 과부의 심정을 몰라도 너무 몰라 야속하기 짝이 없습니다. 저 달이 떴다 지도록 밤새워 사랑을 나누어도 모자란데, 그저 간다 하니 도포자락 붙들고 하룻밤만 놀다가라고 애원합니다.

경기 아리랑

(후렴) 아리랑 아리랑 아라리요
　　　아리랑 고개로 넘어간다

　　　나를 버리고 가시는 임은
　　　십리도 못 가서 발병 난다

(후렴) 아리랑 아리랑 아라리요
　　　아리랑 고개로 넘어간다

　　　청천 하늘에 잔별도 많고
　　　이 내 가슴에 희망도 많다

(후렴) 아리랑 아리랑 아라리요
　　　아리랑 고개로 넘어간다

　　　노다 가세 노다 가세 저 달이
　　　떴다 지도록 노다 가세

(후렴) 아리랑 아리랑 아라리요
　　　아리랑 고개로 넘어간다

경기 아리랑은 서울과 경기 지방에서 부르는 아리랑으로, 본조(강진) 아리랑이 변형된 것입니다. 본조(강진) 아리랑과 가사가 비슷하나 가락이 빠르고 경쾌합니다.

<blockquote>
나를 버리고 가시는 임은
십리도 못 가서 발병 난다

(후렴) 아리랑 아리랑 아라리요
아리랑 고개로 넘어간다
</blockquote>

나를 버리고 떠나간 무정한 인간아, 아집과 불통으로 꽉 막힌, 멋과 낭만을 모르는 사내여, 십리도 못 가서 후회하리라.

<blockquote>
청천 하늘에 잔별도 많고
이 내 가슴에 희망도 많다

(후렴) 아리랑 아리랑 아라리요
아리랑 고개로 넘어간다
</blockquote>

이제 나는 그대의 굴레에서 벗어나 자유인이 되었으니 마음과 마음이 통하는 가슴 따뜻한 남자, 멋과 낭만을 아는 사나이다운 사내를 만날 일만 생겼으니 내 가슴에는 희망이 가득하다.

<blockquote>
노다 가세 노다 가세 저 달이
</blockquote>

떴다 지도록 노다 가세

(후렴) 아리랑 아리랑 아라리요
      아리랑 고개로 넘어간다

  남친 여친들이여, 이 얼마나 살기 좋은 세상인가. 저 달이
떴다 지도록 밤새워 놀아보세.

깨침 아리랑

  누군가 말했습니다. "아리랑은 통곡이다. 아리랑은 피다.
아리랑은 분노다. 아리랑은 항명이며 아리랑은 절규이며 반란이
다." 그러면 이 아리랑은 언제 어느 때 누구에 의하여 처음 시작되
어 불러지게 되었을까요?

  진묵대사(震黙大師, 1562-1633)의 속명은 일옥(一玉)이요,
조선조 명종, 선조, 광해, 인조 때까지 사셨으며, 고향은 전라북도
김제시 망경읍 불거촌(佛居村)이며, 현주소로 김제시 망경읍 화포
리 성모암에서 태어났습니다.

  일곱 살 때 어머니와 함께 전북 완주군 용진면에 있는 봉서사
(鳳棲寺)에 갔다가 절이 좋아서 출가를 했습니다. 일곱 살에 출가
하여 사미승일 때, 주지스님이 부처님을 옹호하는 천신을 모시는
신중단에 향불을 피우도록 하니, 주지스님의 꿈에 천신(天神)들이
나타나 "부처님이 향을 피우니 우리들은 받을 수 없습니다."라고

하였습니다. 그래서 진묵대사를 부처님의 화신이라고 합니다.

한번 들으면 잊어버리지 않는 불망념지(不忘念智)를 지녔으며, 신통력을 발휘하기도 했습니다. 그런가 하면 속인과 조금도 다름없이 술을 곡차(穀茶)라고 하면서 마시기도 하고, 고기를 도끼버섯이라고 하면서 거리낌없이 먹는 모습을 보여주기도 했습니다. 민중과 곧잘 어울리셔서 무애행(無碍行)을 보여주시곤 했습니다. 그리고 사서삼경, 제자백가의 유교 경전에 통달하여 유생들과 시문답을 잘했습니다. 승(僧)과 속(俗), 불교와 유교를 넘나들었던 무애도인(無碍道人)이었습니다.

진묵대사가 호남의 곡창지대 벌판을 지나가면 논밭에서 일하던 농부들이 새참이나 점심을 먹으면서, "대사, 이리 와서 새참(점심)을 좀 먹고 가시오." 하고 부르면, 대사는 조금도 사양하지 않고 다가가서 음식을 가리지 않고 같이 먹고, 그들과 대화를 나누며 그들의 애환을 들어주곤 하였습니다.

농부들이 술을 권하면 "나는 술을 마실 줄 모릅니다. 곡차는 마실 줄 알지만…" "아, 이것 곡차요, 한잔 드시오." 하면 거침없이 곡차를 드셨습니다. "안주로 이 고기도 좀 드시오." 하면 "난 고기를 먹지 않소, 도끼버섯은 먹을 줄 알지만…" 하고 짐짓 딴청을 피웠습니다. 하지만 농부들이 기다렸다는 듯이 "아, 이것은 도끼버섯이요." 하면 사양치 않고 먹었습니다.

진묵대사는 술을 술이라고 하지 않고 곡차라고 하셨습니다. 술은 사람의 정신을 혼미하게 하지만, 곡차는 오히려 정신을 맑게 하기 때문입니다.

44

대사는 또, 고기를 고기라고 하지 않고 도끼버섯이라고 하셨습니다. 짐승을 잡을 때 도끼를 사용하기 때문에 그런 이름이 붙었겠습니다만, 대사에게는 고기를 먹을 때나 버섯을 먹을 때나 나물을 먹을 때나 조금도 다름이 없었던 것 같습니다. 이렇게 곡차도 드시고 도끼버섯도 잡수시고 나면, 대사는 농민들을 위해 노래를 불렀습니다. 그 노래에는 당신이 불도를 깨달은 경지가 잘 나타나 있습니다.

天衾地席山爲枕하고
천 금 지 석 산 위 침

雲屛月燭海作樽이라
운 병 월 촉 해 작 준

(후렴) 아리랑 아리랑 아라리요
아리랑 고개로 넘어간다

大醉居仍起舞러니
대 취 거 잉 기 무

却嫌長袖掛崑崙이라
각 혐 장 수 괘 곤 륜

(후렴) 아리랑 아리랑 아라리요
아리랑 고개로 넘어간다

하늘은 이불 삼고 땅을 자리 삼으며 산은 베개 삼아
구름은 병풍 삼아 두르고 달은 촛불 삼아 밝혀놓고
바닷물은 술통 삼아 해탈주를 마시는도다

(후렴) 거짓 나를 버리고 참나를 깨달으니

　　거짓나를 버리고 참나를 깨달으니 이렇게 좋을 수가
　　거짓나를 버리고 참나를 깨달은 고개로 넘어간다

　　크게 취해 일어나 한바탕 신바람 나게 춤을 추고 나니
　　긴 소매 옷자락이 곤륜산 자락에 걸릴까 그게 걱정이네

(후렴) 거짓 나를 버리고 참나를 깨달으니

　　거짓나를 버리고 참나를 깨달으니 이렇게 좋을 수가
　　거짓나를 버리고 참나를 깨달은 고개로 넘어간다

　　진묵대사는 아리랑의 아(我)는 '거짓 나'요, 리(離)는 '버림'이요, 랑(郞)은 '참나'를 뜻한다는 것을 가리켜 보여주고 있습니다.
　　중생들은 뼈와 살로 이루어진 육체에 시각, 청각, 후각, 미각, 촉각 등의 다섯 가지 감각기관으로 이루어진 이 몸이 진정한 나인 줄 착각하고 있습니다. 이 몸은 숨 한 번 내뿜었다가 들이키지 못하면 송장입니다. 그러면 어떤 것이 참나일까요?
　　사량 분별심이 끊어진 곳에 분명히 소소영영한 주인공이 있습니다. 진묵대사는 자신이 깨달아 얻은 경계를 아리랑이라는 노랫말로 농민들과 어울려 부르며 만경 뜰을 오가곤 했습니다.
　　세속인들은 진묵대사의 깊고 깊은 오묘한 경지를 이해하지는 못하지만, 그 흥겨운 가락이 너무 좋아 자기네들의 한을 실어 아리랑의 후렴을 붙여 부르기 시작했습니다. 이렇게 하여 여러 지방으로 퍼지면서 지방마다 가지고 있는 정서와 한이 실려 아리랑 후렴구가 불리게 되었습니다.

강진으로 가서는 본조 아리랑, 진도로 가서는 진도 아리랑, 밀양으로 가서는 밀양 아리랑, 정선으로 가서는 정선 아리랑이 되었습니다. 그 외에도 여러 지방으로 퍼지면서 여러 아리랑이 만들어지게 되어 우리 민족의 노래가 되었습니다.

요즈음 절에서 선사들이 법상에 올라 법문을 하면서 읊는 게송에서는 후렴을 진묵대사처럼 '아리랑'으로 하는 경우가 거의 없습니다. 아리랑은 세속인들에게 주어버리고, 선사들은 "나무아미타불"을 부릅니다.

선사가 참선 수행하여 거짓나를 버리고 참나를 깨달았으면, 진묵대사처럼 "아리랑 타령"이 나와야 하는 것이 당연하게 여겨집니다.

만공선사오도송(滿空禪師悟道頌)

空山理氣古今外에
공 산 이 기 고 금 외

白雲淸風自去來라
백 운 청 풍 자 거 래

(후렴) 나무아미타불

何事達摩越西天고
하 사 달 마 월 서 천

鷄鳴丑時寅日出
계 명 축 시 인 일 출

(후렴) 나무아미타불

빈 허공에 이치와 근본은 고금의 밖이요
백운과 청풍은 스스로 오고감이라
(후렴) 나무아미타불

무슨 까닭으로 달마가 서쪽에서 왔는가
축시에 닭이 울고 인시에 해가 뜨는구나
(후렴) 나무아미타불

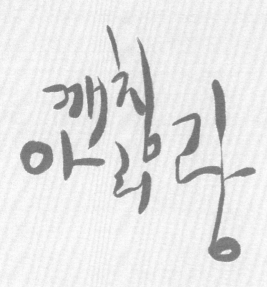

두 번째 마당

아름다운 유산

정신적 유산을 물려주는 것은 물고기를 물려주지 않고 물고기를
낚는 방법을 잘 가르쳐주어, 자녀 스스로 물고기를 낚아 굶주리지
않게 하는 것과 같습니다.

昔年趙州常勸人　　今日衲僧猶不然
석 년 조 주 상 권 인　　금 일 납 승 유 불 연

不是眞人未得味　　玉露一椀勸阿誰
불 시 진 인 미 득 미　　옥 로 일 완 권 옥 수

옛날 조주 스님은 항상 누구에게든 차를 권했네
하지만 오늘 납승은 아무에게나 차를 권하지 않으리
무위진인(無位眞人)이 아니면 이 차 맛을 알지 못하나니
옥로 한 잔을 그 누구에게 권하겠습니까

옛날 중국 당나라 때 조주고불이라고 하는 선사가 계셨습니다. 누구든지 와서 무엇을 묻든 스님께서는 "이곳에 온 적이 있느냐?"라고 묻고, "온 적이 있습니다."라고 대답해도 "차 한 잔 마셔라." 하셨고, "없습니다."라고 대답해도 역시 "차 한 잔 마셔라." 하셨습니다.

살림을 맡아보는 원주가 조주 스님께 물었습니다. "온 적이 있다고 해도 차 한 잔 마시라 하시고, 온 적이 없다고 해도 차

한 잔 마시라고 하시니, 무슨 뜻입니까?"

"원주야."

"예."

"차 한 잔 마셔라."

앞의 시는, 제가 젊은 시절 강진 백련사에서 살 때, 정성껏 만든 작설차 한 통을 인천 주안의 용화사에 계시는 송담 큰스님께 보내면서 존경의 뜻을 한 수의 시에 담아서 전한 것입니다.

'조주 스님은 누구에게든 차를 권했지만, 지금 제가 정성들여 만들어 보내드리는 이 차는 함부로 아무에게나 권하지 않습니다. 번뇌가 다해 함이 없는 무위진인(無位眞人)이 아니면, 이 차 맛을 알지 못할 것입니다. 스님께서는 능히 이 차 맛을 아실 것이오니 제가 정성들여 만든 옥로(玉露) 차를 스님께 올립니다.'

초의선사는 동다송(東茶頌)에서 이런 시를 읊었습니다.

古來賢聖俱愛茶
고 래 현 성 구 애 다

茶如君子性無邪
다 여 군 자 성 무 사

예로부터 성현들은 다같이 차를 사랑했네
차를 마시면 군자와 같이 그 성품이 삿되지 않다네

차나무는 동백나무과로서, 사철 푸르고 곧은 뿌리 식물이므로 옮겨 심으면 죽습니다. 옛사람들은 이것이 군자의 곧은 절개를 상징한다고 생각했습니다. 가을이 되면 하얀 향기로운 꽃이 핍니다. 전년도에 핀 꽃에서는 씨앗이 여물어 씨방울이 벌어지니, 꽃과 씨가 같은 시기에 만나는 실화상봉수(實花相逢樹)입니다.

옛사람들은 딸이 시집 갈 때 차 씨를 싸서 보냈는데, 절개를 굳게 지킬 것이며 자손이 끊어지지 않고 대대손손 이어지라는 뜻에서였습니다. 녹차는 이른 봄부터 나오는 차나무의 움이나 싹을 따서 만듭니다. 차 잎이 처음 피어날 때, 그 모양이 작고 뾰족하여 참새 혓바닥을 닮았다고 해서 작설차라고도 부르며, 따는 시기에 따라 우전차(雨前茶), 곡우차(穀雨茶), 입하차(立夏茶)라고 불리고, 첫물차, 두물차, 세물차라고도 불리며, 잎의 크기에 따라 세작(細雀), 중작(中雀), 대작(大雀) 등으로도 분류합니다.

차의 효능에 대해 허준의 『동의보감』에서는 "차는 정신을 진정시키고 소화를 돕고 머리와 눈을 맑게 하며 소변을 잘 나오게 하고 소갈증을 멈추게 하며 사람으로 하여금 졸음을 쫓아준다." 고 하였습니다.

그래서 우리 선조들은 정월 초하루와 팔월 보름 추석 때 선영 앞에 차를 올려놓고 정성을 다해 예를 올리는 차례를 지냈습니다. 요즈음 사람들은 차 대신에 술을 올려놓고 절을 하면서 차례를 지낸다고 말합니다. 옛사람이 말하기를 차 문화가 발달하면 정신문화가 발달하고, 술 문화가 발달하면 퇴폐문화가 발달한다고 하였습니다. 그래서 옛사람들이 차를 마시도록 차례를 지내라고 했는데, 요즈음 사람들은 주례를 지내고 있으니, 조상들도 술에 취해 길을 잃을까 걱정입니다.

고려시대는 차 문화가 민간에까지 널리 퍼져 일상다반사(日常茶飯事)가 되었으나, 조선시대에 들어와서 불교의 쇠퇴와 함께 차 문화가 주춤해지고 술 문화가 발달하여 사회적 문제가 많이 발생하고 있습니다.

설날과 추석에 조상님께 차례를 올릴 때에는, 차 외에도 상에 꼭 올려야 할 실과(實果)가 있었습니다. 차례 상뿐만 아니라 성인식인 관례(冠禮), 결혼식인 혼례(婚禮), 장례식인 상례(喪禮), 제사의식인 제례(祭禮) 때에도 빠뜨리지 않고 올리는 실과는 밤, 대추, 곶감입니다. 여기에서 과일이라고 하지 않고 실과라고 하는 것은, 비료를 주고 약을 뿌려 병충을 없애주어야 수확할 수 있는 과실과 구분하고 싶기 때문입니다. 실과는 심어놓고 돌보지 않아도 수확 가능한 과실입니다. 대량생산을 위해 비료를 주고 약을 치는 요즈음 과실과는 다릅니다.

우리 조상들이 관혼상제 때면 빠뜨리지 않고 이 세 가지 실과를 올리는 것은 무엇 때문이었을까요? 이 세 사지 실과에는 우리 민족만이 지니고 있는 민족혼이 깃들어 있기 때문입니다. 6.25 전란으로 폐허가 된 나라를 무역 수출 13위, 국민총생산(GDP) 세계 11위, 국민소득(GNP) 3만 불에 가까운 경제 대국으로 성장시킨 원동력이 이 세 가지 실과를 귀히 여겼던 조상들의 정신에 있었다고 할 수도 있습니다.

첫째, 밤입니다. 밤은 자손 번창을 뜻합니다. 밤톨을 땅에

심으면 싹이 나고 자라서 첫 밤이 열려야만 땅속에 들어가 심겨졌던 최초의 밤톨이 썩습니다. 꼭 자손을 이어놓고 죽는 것입니다. 이런 밤의 생리를 우리 조상들도 지니고 있었던 것 같습니다. 우리 조상들은 아들을 낳지 못하면 가문을 잇지 못하고, 가문을 잇지 못하면 조상께 제사를 올리지 못하니, 큰 죄가 된다고 생각했습니다. 그래서 결혼한 여자들은 꼭 아들을 낳아야 했습니다. 아무리 딸을 많이 낳아도 아들을 낳지 못한 여자들은 천대를 받았습니다. 남아선호 사상이 뿌리 깊어서, 본부인이 아들을 낳지 못하면 첩을 얻거나 씨받이라도 해서 아들을 가지려고 했습니다. 조상께 제사를 올려야 복 받을 수 있고, 제사를 올리지 못하면 재앙을 받을까 봐 두려워했습니다. 사당에 모시는 신주(神主)는 밤나무로 만들어 모셨고, 신주는 신앙의 대상이었습니다.

전쟁이 일어나 피난을 갈 때에도, 사당의 신주와 족보만은 모시고 갔습니다. 일반 서민들까지 족보에 이름이 기록된 것은 우리나라뿐입니다. 옛날 분들은 과거시험에 합격하여 이름 석 자 앞에 벼슬 직함을 올리는 것이 최고의 영광이었습니다. 그래서 족보를 성전(聖典)처럼 귀히 여겼습니다.

농축수산물과 지하자원도 중요하지만, 가장 중요한 것은 인적 자원입니다. 우리나라가 오늘날 이렇게 경제성장을 이룰 수 있었던 것은, 5060 베이비붐 세대의 풍부한 인적 자원이 있었기 때문입니다. 옛사람들이 말하기를, 이 세상에서 가장 듣기 좋은 소리는 갓난아기의 울음소리와 책 읽는 소리라고 했습니다. 요즈음 젊은이들이 결혼을 회피하고 결혼을 해도 아이를

54

하나 아니면 둘만 낳으니, 인구가 줄어들어서 급속히 고령화 시대가 되어가고 있습니다.

꿀벌들도 여왕벌이 죽어 알을 낳지 못해 새끼벌이 생기지 않으면 그들의 왕국이 망했다고 생각합니다. 그래서 일을 하지 않고 모아놓은 꿀을 먹고 놀기만 합니다. 국가도 고령화되어 인적 자원이 고갈되면 그 나라는 미래가 없습니다. 젊은 층이 많은 나라가 앞으로 나아가 발전할 수 있는 경쟁력 있는 나라가 됩니다. 우리 옛 조상들이 중요한 행사 때마다 밤을 올렸던 깊은 뜻을 잊지 말아야 합니다.

둘째, 대추입니다. 토종 대추는 기름진 땅에 심으면 잎만 무성하고 열매가 잘 맺지 않습니다. 자갈밭이나 마당가에 심어놓으면 실하게 잘 열립니다. 대추가 주는 교훈은, 어떤 어려움에도 굴하지 말고 꿋꿋하게 살아가라는 것입니다. 우리 민족은 998번의 외침을 받았지만 꿋꿋이 우리의 지조와 절개를 지키면서 우리의 문화와 언어 문자를 지켜왔습니다. 6.25 전쟁 때 우리나라에 온 외국인들은 고개를 살래살래 흔들었습니다. '한국은 희망이 보이지 않는다, 지하자원이 있나, 기술이 있나, 정치가 안정되어 있나, 전쟁으로 모조리 파괴되어 폐허가 된 이 나라가 장차 어떻게 부흥할 수 있겠는가.' 그렇게 생각했는데, 그 뒤 88올림픽이 열리자 세계인들이 깜짝 놀랐습니다.

온통 폐허뿐이었던 서울이, 굶주리고 헐벗은 거지들로 득실거리던 서울이, 높은 빌딩 숲으로 변했습니다. 거리에는 영화배우

같이 화려한 의상을 입고 아름답게 화장을 한 활기찬 사람들이 북적거립니다. 도로에는 자동차가 홍수를 이루고 있습니다. 세계 2-3위 가는 철강과 선박주조, 그리고 곳곳에는 공업단지가 들어서 있습니다. TV 방송을 통해 한국의 모습이 세계 각 나라에 알려지자, 한강의 기적을 낳았다고 세계인이 칭찬을 아끼지 않았습니다.

'대한민국이 이토록 짧은 기간 내에 발전할 수 있었던 것은 민주주의와 자본주의 경제 체제 때문이다. 똑같이 일하고 똑같이 나누어 먹는 공산주의 사회제도 체제의 공동체 생활은 문제가 있다. 부지런히 일하는 사람이나 눈치껏 요령을 피우는 사람이나 똑같은 보상을 받으니 누가 열심히 일할 의욕이 생기겠는가? 이렇기 때문에 공산주의 사회제도 하에서는 효과적인 경제적 발전을 이룰 수 없다.' 그런 생각이 공산주의 국가의 국민들에게 확산되자, 동독을 시작으로 공산주의가 급속도로 무너지고 말았습니다. 우리나라 88올림픽 때문에 공산주의가 무너진 것입니다.

그러다가 1997년 12월 3일, IMF 경제위기를 당하게 됩니다. 세계인들은 깜짝 놀랐습니다. 그렇게 눈부신 경제발전을 한 나라가 국가 부도 위기를 당하다니 믿어지지 않았을 것입니다. 우리나라 민족성은 어려울 때는 강한 의지를 보이지만, 여유로워지면 교만하고 방종해지는 습성이 있습니다. 기름진 땅에 심어진 대추나무처럼 말입니다.

우리나라에는 '삼대 부자 없다'라는 속언이 있습니다. 아버지가 고생고생 자수성가하여 재산을 모아놓으면, 그 자식이 교만

하고 방종하여 재산을 탕진합니다. 그러면 그 다음 손자 때 다시 일으키는 그런 경우를 말합니다.

IMF 경제위기 때 또 다시 세계인을 놀라게 한 것이 있습니다. 금 모으기 운동입니다. 우리나라 경제위기는 순전히 정치권의 안일한 생각과 나라 살림 미숙으로 생긴 경우입니다. 미리 대비하여 달러를 비축했더라면, 그런 국가 부도위기는 당하지 않았을 것입니다. 국가의 최고 통치자인 대통령이 IMF 금융 요청 10일 전까지도 그 심각성을 모르고 있었다니 말이 됩니까?

그런데도 우리 국민은 아무도 정치권을 탓하지 않고 나라를 구해야 한다고 서민들이 자발적으로 일어나, 아들 딸 손자 손녀의 돌잔치 금목걸이, 금반지와 결혼 선물까지 내놓았습니다.

유럽 동남부 발칸 반도의 남단에 있는 그리스를 보십시오. 그리스 국민들은 IMF 경제위기를 당하자 노동자들이 일어나 "정치가, 너희들이 나라 살림 잘못하여 이런 국가 부도위기에 처하게 되었는데, 우리 노동자들만 구조조정으로 직장을 강제 퇴직하라 하느냐!"고 외치며 거리로 뛰쳐나와 시위를 했습니다.

우리나라 노동자들은 아무도 시위를 한 적이 없습니다. 직장을 잃었어도 나라를 위해 금을 내놓았습니다. 세계에서 가장 빨리 IMF 국제 금융기구의 빚을 3년 만에 완전히 갚고 그들의 간섭에서 벗어날 수 있었습니다. 이런 정신은 마당가에 심어진 대추나무의 강인함과 인내심에서 나온 것입니다. 서민들은 이렇게 애국심에 불타 자발적으로 금을 내놓았으나, 금괴를 가지고 있는 재벌가들은 아무도 금을 내놓지 않았습니다.

임진왜란 때도 귀족들은 숨기에 바빴으나, 가장 고통 받던 민초들과 승려들이 의병을 일으켜 나라를 구하지 않았습니까? IMF 경제위기와 임진왜란은 닮은 데가 많습니다. 어려울 때마다 고난 받던 민초들이 나라를 구했습니다.

4.19 혁명 때는 어떠했습니까? 어린 학생들은 경찰들의 총칼 앞에서도 굴하지 않았습니다. 경찰 상부에서 시위진압 경찰들에게 "앞에 있는 학생 몇 명에게만 발포하라! 그러면 모두 흩어질 것이다."라고 명령을 내렸습니다. 하지만 놀라운 사태가 벌어졌습니다. 경찰들이 발포를 했는데도 학생들은 흩어지지 않았던 것입니다. 피를 흘리면서도 아스팔트 위를 기어서 앞으로 앞으로 총부리를 향해 다가갔습니다. 경찰들은 기가 죽어 더 이상 총을 쏘지 못했습니다. 혁명을 위해 교정에 집합했던 고려대학교 학생들은 출정식 때 이렇게 외쳤습니다. 나는 그 출사표의 한 구절을 외우고 있습니다.

"우리는 더욱 안타까이 조국을 사랑했기에 조국에의 사랑이 맹목적 분격에 흐를까봐 얼마나 참아왔던가. 보라! 갖가지의 부정부패가 민족정기의 심판을 받을 때가 왔다. 무참한 동포의 살상 앞에 안일함만을 탐할소야 한숨만 쉴소야!

학도여! 우리 일어나 총궐기하자! 어두운 밤하늘에 자유의 횃불을 올린다. 어두운 밤의 침묵에 자유의 종을 난타하는 타수의 일익임을 자랑한다. 학도여! 나를 따르라!"

총칼을 든 군인이나 삽, 괭이, 낫 같은 농기구를 든 농민들이 봉기하여 정권을 바꾸는 나라는 있으나, 순수한 학생들이 맨주먹으로 일어나 독재정권을 무너뜨린 경우는 우리나라뿐입니다. 어려울수록 강해지는 우리 민족성은 대추나무의 강한 인내력에서 받은 정신입니다.

요즈음 젊은 세대들은 전쟁의 어려움, 보릿고개의 배고픔을 겪지 않고 자라서 어려움을 이겨내는 인내심이 부족합니다. 더구나 요즈음 젊은 부부들은 애를 하나, 둘밖에 갖지 않아 자연스레 과잉보호를 하게 되고, 그 결과 역경을 이겨내는 힘을 길러주지 못하고 있습니다. 우리는 대추가 기름진 땅에서는 잘 열지 않고 자갈밭 척박한 땅에서 오히려 많은 열매를 맺듯이, 어려움에서 더욱 강해지라는 뜻으로, 관혼상제 때면 대추를 올렸던 선조들의 교훈을 잊지 말아야 하겠습니다.

셋째는 곶감입니다. 달고 크고 빛깔 좋은 진영 단감 같은 감이라 할지라도, 그 감씨를 심어서 싹을 틔워 자라게 하면 떫고 작은 보잘것없는 똘감이 열립니다. 품종이 좋은 감나무 가지를 가져다가 접을 붙여야 좋은 감이 열립니다. 어떤 종류의 감나무 가지를 접붙이느냐에 따라 감의 종류가 달라집니다. 이런 감이 주는 의미는 교육을 뜻합니다. 아무리 귀한 자식일지라도 내가 데리고만 있으면 훌륭한 사람으로 성장할 수가 없습니다. 훌륭한 스승을 선택하여 교육을 받아야 사회에 나가 보람된 삶을 살 수 있고 국가와 민족을 위해 훌륭한 일을 할 수 있습니다.

우리나라 부모들은 어느 나라 사람들보다도 교육열이 높습니다. 우리나라가 이렇게 발전할 수 있었던 것은, 높은 교육열의 힘이 컸습니다. 우리나라에는 삼천지교로 유명한 중국의 맹자 어머니보다 더 교육열이 강한 어머니가 있습니다. 그분은 한석봉의 어머니입니다.

맹자의 어머니는 주위환경이 사람을 바꾼다는 것을 깨닫고, 세 번 이사를 하여 아들을 훌륭하게 키운 사례입니다. 하지만 한석봉의 어머니는 어린 아들의 감성을 헤아리지 않고 강압적인 방법으로 교육을 했습니다. 가난한 형편에 일찍이 남편을 잃고 어린 자식 하나에 온 희망을 건 여인으로서는, 그 방법이 최선책이 없는지도 모릅니다.

집에서 멀리 떨어진 절간 스님께 보내어 집에도 오지 말고 십년 동안 공부를 배우도록 하였습니다. 어린 석봉은 어머니가 그리워 약속을 깨고 삼년 만에 집에 돌아왔습니다. 아마 잠깐 뵙고 가려고 했겠지요. 어머니 역시 아들이 보고 싶었겠지만, 냉정하게 하룻밤도 재우지 않고 어두운 밤 사나운 산짐승이 득실거리는 먼 산속 길로 내쫓고 맙니다. 석봉이 어머니의 그 독한 마음을 생각해 보십시오.

오늘날의 엄마들 중에는 자녀들만 데리고 해외로 나가는 경우가 적지 않고, 그래서 기러기 가족들이 많습니다. 우리나라에서 일 년에 해외에 있는 자녀에게 보내는 송금액이 수조 원에 이른다고 하니 놀라운 일입니다. 교육은 더 나은 삶을 충족하기 위해 인품을 향상시키는 행위입니다. 인품을 알아보는 데는 네

가지 지수가 있습니다.

첫째, 아이큐(IQ: Intelligence Quotient) 지능지수
둘째, 이큐(EQ: Emotional Quotient) 감성지수
셋째, 엠큐(MQ: Morality Quotient) 도덕지수
넷째, 에이큐(AQ: Adversity Quotient) 역경지수

첫째, 아이큐(IQ) 지능지수(知能指數)
어떤 문제를 주었을 경우, 이해하고 분석하고 추리해서 문제를 해결할 수 있는 지적인 능력을 말합니다. 아이큐가 높으면 사물에 대한 이해력 및 추리력 등 사고능력이 뛰어납니다. 똑같은 조건에서 인내심, 자기 동기화 등 다양한 능력이 월등하게 발휘되어, 아이큐가 높은 사람이 좀 더 성공적으로 상황에 대처할 수 있다고 봅니다. 아이큐는 선천적으로 타고난다고 합니다만, 후천적으로 학습을 통해 향상될 수 있습니다. 아이큐는 고정되어 있지 않습니다.

둘째, 이큐(EQ) 감성지수(感性指數)
자신의 감정을 적절히 조절하여 긍정적인 자아개념과 사람들과의 교감능력으로, 원만한 인간관계를 구축할 수 있는 마음의 기능지수를 말합니다. 이큐는 가정의 정서가 큰 영향을 미칩니다. 엄마 아빠가 자주 싸우고 폭력이 일상화된 가정에서 자란 아이나 부모가 이혼한 결손가정에서 자란 아이는, 정서불안으로 문제아가 되기 쉽습니다.

우리나라 초 · 중 · 고생들은 학교 내에 폭력이 있으나, 대학에 들어가면 학교 내에 폭력이 없어집니다. 이것은 엄마 아빠들이 초 · 중 · 고생 때는 공부하라, 공부하라고 스트레스를 주지만, 대학생들에게는 간섭을 하지 않기 때문입니다.

교육학자 도로시 로오 놀트(Dorothy Law Nolte)는 이런 시를 썼습니다.

생활 속의 아이들

관대 속에 자란 아이 신뢰를 배우고
공경 속에 자란 아이 경의를 알며
격려 속에 자란 아이 고마움을 안다.
안정 속에 자란 아이 다사로운 마음을 갖고
우정 속에 자란 아이 사랑할 줄 안다.
적개심 속에 자란 아이 싸움질만 하고
비웃음 속에 자란 아이 수줍음만 탄다.
수치심에 자란 아이 죄의식에 빠지고
꾸중 속에 자란 아이 반항심만 키운다.

판소리 흥부가를 보면 이런 대목이 있습니다.

"놀부가 흥부를 불러놓고 하는 말이 '흥부야, 이놈아! 부모님이 살아생전에 너만 예뻐하고 나는 미워하고 맛있는 것이 있으면, 너만 주고 내가 오면 딱 감추고, 나는 밖에 나가 일만 하라 하고 너는 책만 읽어라 했다. 이제 부모님이 돌아가셔 오늘 삼년상이 끝났다. 네 이놈! 오늘 당장 처자식을 데리고 나가거라!' 하자, 흥부가 하는 말이 '아이고! 형님! 집도절도 없는 이 내 몸이 이 엄동설한에 처자식을 데리고 어디로 가란 말입니까?'…"

이 내용을 듣고 보면 놀부의 못된 행동은 부모의 편애에서 온 것을 알 수 있습니다. 그래서 교육학들이 '문제 부모는 있어도 문제 아이는 없다'고 하는 것입니다.

이큐 감성지수가 낮은 사람은 정서가 불안정하여 자신의 감정을 적절히 조절하지 못하고, 자기중심적이며, 남을 배려하는 마음이 없기 때문에 인간관계가 원만하지 못하고, 부모에게 불효하며, 형제간에 우애하지 못하고, 결혼 후에도 부부 불화가 심각하며, 자녀들을 학대하여 사회적 큰 문제를 일으킵니다. 더구나 감성지수가 낮고 지능지수가 높으면 살인자, 강도, 절도자가 되기 쉽습니다.

셋째, 엠큐(MQ) 도덕지수(道德指數)

사회의 성원으로서 양심과 사회적 여론과 관습 따위에 비추어 스스로 마땅히 지켜야 할 행동준칙이나 규범의 총체, 그리고 외적 강제력을 갖는 법률과 달리, 각자의 내면적 원리로서 작용하며, 또 종교와 달리 초월자와의 관계가 아닌 인간 상호 관계를 규정하는 인의(仁義)를 지키는 지수(指數)를 말합니다.

도덕에는 자율적 도덕과 타율적 도덕이 있습니다. 자율적 도덕은 부모나 선생님, 경찰이 없어도 항상 양심에 따라 사회의 규범과 준칙인 윤리도덕을 지키는 것이고, 타율적 도덕은 부모나 선생님, 경찰이 있으면 지키고 없으면 지키지 않는 경우를 말합니다. 선진국일수록 자율적 도덕이, 후진국일수록 타율적 도덕이 사회를 이끌어 갑니다.

제가 호주에서 2년 동안 산 적이 있습니다. 그때 호주사회의 교육제도에 대해 좀 알게 되었습니다. 호주 유치원에서는 아동들에게 문자와 숫자를 가르치지 않습니다. 다만 인간으로서 살아가는 데 가장 기본이 되는 것들을 가르칩니다. 스스로 잠자리에서 일어나기, 음식을 먹을 때는 줄 서서 기다리기, 먹을 만큼 스스로 가져와서 남기지 않고 먹기, 그리고 남을 배려하는 마음과 사회성을 길러주는 데 초점을 둡니다.

초등학교에서는 잔디 씨를 주고 잔디를 싹틔워 길러오기, 콩을 심어놓고 콩이 자라나는 과정을 일기에 써오기, 야외에 나가서 바위와 대화하기, 큰 나무와 대화하기, 대화내용을 글로 쓰고 발표하기 등, 자연과 친근해지는 방법을 가르쳤습니다.

불우이웃 돕기를 가르칠 때에는, 과자나 초콜릿을 나누어주어 그것을 팔아오도록 하여 그 이익금으로 불우한 이웃을 돕게 합니다. 모든 학생들이 스스로 지키는 준법정신이 투철한, 자율적 도덕심이 살아 있는 교육이 이루어지고 있어서인지, 호주에는 학교 내 폭력은 있지 않았습니다.

우리나라는 어떠합니까? 엄마가 억지로 깨워야 하고 세수시켜 옷 입혀서 과제물까지 챙겨 줍니다. 심지어 숙제마저 엄마가 해주는 경우도 있습니다. 밥과 국을 엄마가 떠먹여 주면, 자녀는 음식을 먹고 남겨도 아무런 잘못을 느끼지 않기 쉽습니다. 내가 한 행동에 책임지는 자율적 도덕심이 아니고 타율적 도덕심에

젖게 되고, 잘못이 있으면 내 탓이 아니고 남의 탓으로 돌립니다.

우리나라 사람들의 준법정신 즉 도덕지수는 유치원생이 가장 높고, 다음으로 초·중·고·대학생으로 고학력으로 갈수록 낮아집니다. 이것은 성인들이 법을 잘 지키지 않기 때문입니다. 지능지수는 높고 도덕지수가 낮으면 큰 도둑이 됩니다. 우리나라의 부정부패는 엘리트형이라고 한답니다. 많이 배우고 많이 가진 자들이 못 배우고 못 가진 자들보다 부정부패를 더 저지르고 있기 때문입니다. 사람들이 말하기를, 큰 도둑들은 여의도와 서초동에 모여 떵떵거리며 거리를 활보하고, 작은 도둑들은 감옥에 갇혀 있다고 합니다. 이런 고학력 고소득자들이 저지르는 엘리트형 부정은, 우리나라 교육이 도덕지수(MQ)에 소홀하고 지능지수(IQ)만 높이는 데 초점을 둔 제도적 잘못에 기인합니다.

넷째, 에이큐(AQ) 역경지수(逆境指數)

요즈음 젊은이들을 보면 자녀가 한둘인 가정에서 과잉보호를 받으며 자란 탓에, 의지력과 생활력이 많이 떨어지고, 그에 따라 어려움을 이겨내려는 역경지수가 낮습니다. 무슨 일만 생기면 엄마가 달려와서 해결해줍니다. 엄마가 아이의 대변인 노릇을 하면서 다른 사람을 혼내주기도 하고 아픔을 치료해주니, 자기 스스로 해결할 생각을 하지 않습니다.

대학생이 되면 공부만 하라고 하지 말고, 좀 더 큰 세상을 볼 수 있도록 삶의 체험을 많이 해보도록 하는 것이 좋을 것 같습니다. 무전여행을 가보는 것도 좋고, 아르바이트로 힘든 일을 해보는 것도 좋고, 등반을 하여 산 정상에 올라가 보도록 하는 것도 좋습니다. 국토장정 프로그램도 잊지 못할 추억과 함께 역경을 이겨나갈 수 있는 인내와 끈기를 더해 줍니다.

어려움 없이 어떤 자극도 받지 않고 자라면, 단단하지 못한 나무처럼 바람이 세게 불면 넘어지게 됩니다. 자극을 받으면서 역경을 이겨내는 힘을 길러야 합니다. 약간의 긴장은 삶의 활력소가 됩니다. 고속버스 기사가 손님이 되어 장거리 버스를 타게 되면, 차멀미를 하는 경우가 있습니다. 하지만 그런 사람도 본인이 운전을 할 때는 긴장을 하게 되기 때문에 멀미를 하지 않습니다.

오래 전의 일입니다. 부산에서 제주도로 가는 목선 제주호를 탄 적이 있습니다. 삼등실은 의자가 없고 큰 방안에 많은 승객들이 제멋대로 누워 있었습니다. 얼마가 지나 배가 이리 기우뚱 저리 기우뚱 하기 시작했습니다. 그러자 여기저기서 토하는 사람들이 생겼습니다. 그런 가운데 젊은 남녀들이 서로 부둥켜안고 뒹구는 것이었습니다. 나중에야 알았습니다만, 그렇게 남녀가 부둥켜안고 있으면, 긴장되어 배 멀미를 하지 않는다는 것이었습니다.

미국의 한 무역상은 남아프리카의 바다에서 잡히는 관상어를 수입해서 파는 일을 했습니다. 그런데 장시간 비행기로 운반하다보니 많은 고기들이 멀미로 죽었습니다. 고민하다가 생태학자에게 도움을 청하였습니다. 생태학자는 운반할 때 관상어 속에 문어 몇 마리를 넣어서 운반하면 괜찮을 것이라고 했습니다.

66

문어가 관상어를 잡아먹으면 어떻게 하느냐고 반문하자, 문어가 관상어를 몇 마리 잡아먹으면 나머지 관상어들이 놀라서 긴장한 탓에 멀미를 하지 않아 죽지 않을 거라고 했습니다. 생태학자의 조언에 따르자, 놀랍게도 고기들이 죽지 않고 활기가 넘치는 것이었습니다.

우리나라는 희망이 있습니다. 이북이 있기 때문입니다. 통일이 되면 어려움 없이 자란 남한 젊은이들은 어려움을 많이 겪은 이북 젊은이들이 무섭게 뒤쫓아 오면, 위기감을 느끼고 자극을 받아 앞으로 힘차게 나아가게 될 것입니다.

한국불교가 조선불교의 기복 불교에서 벗어나 현대불교로 발전한 것은 기독교가 있었기 때문입니다. 기독교에서 방송국을 만들자 불교에서도 방송국을 만들었고, 기독교에서 군대에 교회를 세우자 불교에서도 절을 세웠습니다. 기독교에서 유치원을 세우자 불교에서도 유치원을 세웠고, 기독교에서 주일학교를 만들자 불교에서도 불교학생 법회를 만들었습니다. 기독교에서 여름방학 성경학교를 만들자 불교에서도 여름방학 불교학교를 만들었습니다. 기독교에서 경찰서에 경목을 두자 불교에서도 경승을 두었습니다.

교육은 어느 한쪽으로 치우치지 않고 지능지수(IQ), 감성지수(EQ), 도덕지수(MQ), 역경지수(AQ)를 고르게 갖추도록 하여 원만한 인품을 품은 사람으로 길러내는 일입니다. 곶감이 주는 교훈은 이런 원만한 인품의 인간으로 길러내는 교육이 아니겠습니까?

유산에는 물질적 유산과 정신적인 유산이 있습니다. 물질적 유산은 논, 밭, 건물, 귀금속, 현금, 주식 등입니다. 정신적 유산은 대를 이어 내려오는 가문의 기술도 되겠지만, 평상시 자녀들에게 보여주는 행동 하나하나와 말씨 하나하나, 그리고 사회적 지위와 명예가 되겠습니다. 평상시 보여주는 행동이란 지능지수, 감성지수, 도덕지수, 역경지수를 고르게 갖출 수 있도록 자녀들에게 몸소 보여주는 일입니다.

물질적 유산을 물려주는 것은, 부모가 물고기를 많이 낚아 자녀에게 물려줌으로써 자녀로 하여금 물고기를 낚을 생각을 하지 않고 물려준 물고기만 먹다가 낚는 방법을 잊어버리게 합니다. 그런 자녀는 고기가 떨어지면 굶주리게 될 것입니다.

정신적 유산을 물려주는 것은 물고기를 물려주지 않고 물고기를 낚는 방법을 잘 가르쳐주어, 자녀 스스로 물고기를 낚아 굶주리지 않게 하는 것과 같습니다. 호주나 이스라엘에는 상속세가 없습니다. 이들 나라들의 대부분 국민들은 재산을 자녀들에게 물려주지 않고 사회단체에 증여하기 때문입니다.

우리 조상들이 물려준 정신적 유산인 차의 군자 정신, 밤의 뿌리 근성, 대추의 인내심, 곶감의 바른 교육을 가슴 깊이 새겨야 할 것입니다.

어진 아내의 길

다이돌핀이라는 호르몬은 암을 치료하고 통증을 해소하는 효과
가 있는 것으로 알려진 엔돌핀보다 5천 배나 강력하다고 합니다.
그럼 이 다이돌핀은 언제 우리 몸에서 생성될까요? 바로 감동을
받는 때입니다.

옥야경(玉耶經)에 이런 구절이 있습니다.

　부처님께서 코살리국(사위국) 기원정사에 계실 때였다. 코살리국 수도 사밧티(사위성)의 부호 급고독장자(給孤獨長者)는 재산이 많은 집안의 딸 옥야(玉耶)를 며느리로 맞이하였다. 며느리 옥야는 뛰어나게 미인이었다. 그러나 친정의 지체와 자기의 미모를 믿고 교만하여 시부모와 남편을 제대로 섬기려 하지 않았다. 아내로서 갖추어야 할 부덕과 예절이 없는 것을 보고 걱정하던 장자는 부처님을 청해 며느리를 교화시키기로 하였다. 초대를 받고 장자의 집을 찾아간 부처님은 옥야에게 말씀하셨다.

　"여자는 무엇보다 단정해야 하느니라. 단정하다는 것은 얼굴이나 몸매나 의복 등 겉모양만을 가리키는 것이 아니라, 그릇된 태도를 버리고 마음을 한결같이 공손하게 가지는 일이니라."

　옥야가 속으로 자기 허물을 뉘우치며 묵묵히 있는 것을 보고 부처님은 말을 이으셨다.

"세상에는 일곱 종류의 아내가 있다. 어머니 같은 아내, 누이 같은 아내, 친구 같은 아내, 며느리 같은 아내, 종 같은 아내, 원수 같은 아내, 도둑 같은 아내 등이니라…."

급고독장자(給孤獨長者)는 코살라국의 대부호로서 비싼 값으로 구입한 코살라국 태자의 숲에 기원정사라는 승원을 지어 부처님께 바친, 신심이 돈독한 재가불자입니다. 그는 아들을 결혼시키기 위해 며느리감을 물색하던 중, 권력과 재산이 많은 집 딸, 얼굴도 예쁜 옥야를 며느리로 맞이하게 됩니다. 주변 사람들은 아들 장가 잘 보냈다고 부러워했지만, 그의 아들은 아들대로 불만이 많았고, 장자 또한 걱정이 컸습니다.

며느리가 친정의 지체와 자기의 외모를 믿고 교만하여 시부모와 남편을 제대로 섬기지 않고, 아내로서의 부덕과 예절이 없는 것을 본 장자는 야단도 쳐보고 달래도 봤지만, 소용이 없었습니다. 어떻게 하면 좋을지 고민하던 그는 부처님만이 며느리를 제도할 수 있을 것으로 생각하여, 부처님과 그 제자를 초청하여 공양을 올렸습니다. 공양을 드신 뒤 부처님께서는 장자의 고민을 알아차리시고 옥야를 위하여 설법을 하셨습니다.

옥야는 뛰어난 미인이었습니다. 미인에게는 여러 가지 스캔들이 뒤따르게 마련입니다. 역사상 세계적인 미인으로는 이집트의 클레오파트라, 중국의 사대미인, 한나라 때의 왕소군(王昭君), 춘추전국시대의 월나라 서시(西施), 삼국시대의 초선(貂蟬), 당나라의 현종비 양귀비(楊貴妃)를 들 수 있습니다. 이 여인들은 모두가 정치적 소용돌이 속에 희생되어 불행한 최후를 맞았습니다.

부처님 당시, 인도의 바이샬리에 암라파리(Āmrāpali)라는 미인이 있었습니다. 얼마나 예뻤던지 주위의 일곱 나라 왕자들이 이 여인에게 청혼을 하였습니다. 인도에는 오래 전부터 카스트제도라는 네 계급 사회로 이루어져 있었습니다. 같은 계급이 아니면 결혼을 하지 않던 당시, 왕자들이 그녀에게 청혼을 한 것을 보면 그녀 역시 작은 나라의 공주였을 것입니다. 암라파리는 큰 어려움에 처했습니다.

일곱 왕자들은 저마다 자신이 선택당하지 않으면 전쟁을 일으켜서라도 그녀를 빼앗아 차지하고야 말겠다고 선전포고를 한 상태였습니다. 그녀는 자기 하나 때문에 왕자들끼리 전쟁을 일으켜 많은 사람들이 피를 흘리고 또 죽어가게 된다면, 이 얼마나 불행한 일이겠는가 안타까웠습니다. 그리고 한갓 피고름 주머니에 불과한 자신의 육신을 탐하는 사내들이 애처로웠습니다. 그래서 그녀는 한 사람의 아내가 되지 않고 어떤 사내든 돈을 많이 주는 자에게 하룻밤씩 몸을 허락하겠노라고 선언했습니다. 이렇게 그녀는 피를 보는 전쟁을 막기 위해서 스스로 창녀가 되었고, 많은 재산을 모으게 되자 고아와 독거인 등 가난하고 불쌍한 사람들을 도왔습니다.

강하고 부한 나라 마갈타국 빈비사라 왕도 한때 암라파리와 사랑을 나눈 적이 있었습니다. 그 사이에서 태어난 아들이 부처님과 부처님 제자들의 병을 치료해준 의사 기바(Jivaka)입니다. 부처님께서 바이샬리에 방문했을 때, 그녀는 부처님의 설법을 듣고 감동하여 부처님과 부처님의 제자들을 초청하여 공양을 올리고자 하였습니다. 그때 제자들은 부처님께 그녀의 공양청에 가지 않겠노라고 했습니다.

"청정한 비구가 어찌 창녀 집에 가서, 몸을 팔아 번 돈으로 장만한 음식을 먹을 수 있습니까?"

그러자 부처님께서 말씀하셨습니다.

"연꽃을 봐라. 뿌리는 비록 더러운 진흙 속에 있어도 그 꽃은 물방울 하나 묻지 않는 허공에 피어 있지 않느냐? 암라파리도 마찬가지다. 몸은 비록 뭇 사내들에게 짓밟혔어도 그녀의 마음은 허공에 피는 연꽃처럼 깨끗하지 않느냐? 나는 그녀의 공양을 받고자 하지만, 너희들은 각자 자신의 뜻대로 하라."

부처님께서는 그녀의 공양을 받으신 다음 그녀에게 삼귀의와 오계를 설하셨고, 그녀는 재가불자가 되었습니다. 그 뒤 그녀는 창녀의 길을 그만두고 오계를 잘 지키는 청신녀가 되었습니다. 그리고 그녀는 커다란 망고나무 숲을 기증하고, 거기에 대림정사라는 최초의 비구니 승원을 지었고, 삼보를 받들었습니다. 부처님께서 열반지 구시나가로 가기 전, 바이샬리에서의 마지막 공양은 암라파리에게서 받았습니다.

우리나라 역사상 가장 아름다운 여인은 누구일까요? 통일신라 때 강릉 태수 순정공(純貞公)의 아내 수로부인(水路夫人)이 있었습니다. 중국 당나라 때 양귀비와 같은 시대의 사람입니다. 순정공이 강릉 태수로 임명되어 서라벌(경주)에서 부임지 명주(강

릉)로 부인과 같이 가던 중이었습니다. 삼척 어느 고을을 지나가다
가 수십 길 되는 절벽 위에 아름답게 피어 있는 철쭉꽃을 본
수로부인이 "누가 저 아름다운 꽃을 꺾어다 주었으면 좋겠다."라고
말했습니다. 그러자 암소를 몰고 가던 신선이 이 말을 듣고 아름다
운 수로 부인의 모습에 반하여, 헌화가(獻花歌)를 부릅니다.

자줏빛 바위 가에
잡고 있는 암소 놓게 하시고
나를 아니 부끄러워하시면
꽃을 꺾어 바치오리다.

감동한 수로부인이 고운 손을 내밀며 꽃을 꺾어다 달라고
청하자, 노인은 절벽 끝에 있던 철쭉꽃을 꺾어다가 수로부인에게
바칩니다. 수로부인이 얼마나 아름다웠으면 세속 욕망을 벗어난
신선이 마음을 빼앗겼겠습니까?
일행이 삼척 어느 바닷가에서 쉬면서 점심을 먹고 있는데,
갑자기 짙은 안개가 끼어 지척을 분간할 수 없더니만, 홀연히
바람이 불어 안개가 걷히고 보니 수로부인이 보이지 않는 것이었
습니다. 아무리 큰소리로 불러 봐도 대답이 없고, 사람들을 풀어
주위를 찾아봐도 찾을 수가 없었습니다.
그러던 중 용하다는 무당에게 점을 치게 하니, 무당이 말합니
다. "수로부인의 용모가 너무 아름답고 마음씨도 고와서 동해의
용왕이 탐내어 용궁으로 데리고 간 것입니다. 동해바다 용왕은
수천 년 묵은 거북이입니다."

"그럼 어떻게 하면 돌려보내 줄 수 있겠소?"라고 물으니 무당이 말합니다. "여러 무당들을 불러 물방구를 치면서 거북이에게 겁을 주면 돌려보내 줄 것입니다."

물방구란, 물동이에 물을 채우고 바가지를 엎어놓은 뒤, 바가지를 막대기로 쳐서 북소리처럼 소리가 울리게 하는 것입니다. 무당이 시킨 대로 여러 무당들에게 물방구를 치게 하고, 백성들에게도 막대기로 땅을 치면서 협박조의 노래를 부르게 하니, 과연 용왕이 수로부인을 내놓았습니다.

그 노래가 『삼국유사』와 향가에 실려 있고, 현재 삼척시 증산동 해변가 임해정(臨海亭) 앞에 새겨져 있습니다.

해가(海歌)

거북아 거북아 수로부인을 내놓아라
남의 부인 빼앗아간 죄 그 얼마나 큰가
네가 만약 거역하고 바치지 않는다면
그물로 사로잡아 구워 먹으리라

어머니 같은 아내

부처님께서는 옥야에게 이렇게 말씀하셨습니다. "첫째, 어머니와 같은 아내란 남편을 아끼고 생각하기를 어머니가 자식을 생각하듯 하는 것이요, 밤낮으로 모시고 그 곁을 떠나지 않고 때에 맞추어 먹을 것을 차리며, 남편이 밖에 나갈 때에는 남들에게 흉잡히지 않도록 마음을 쓰는 것이오.”

어머니가 자식에게 주고 또 주어도 아깝지 않은 것이 어머니 마음입니다. 우리나라 사람들에게 우리나라 역사상 가장 훌륭한 여성이 누구냐고 물으면, 모두 신사임당이라고 말합니다. 신사임당(申師任堂)은 성은 평산 신(平山 申) 씨요, 이름은 인선(仁善), 당호는 사임(師任), 고향은 강릉입니다. 딸만 다섯인 오자매 중 둘째 딸로 태어났습니다. 친정어머니를 모시기 위해 오랫동안 강릉 오죽헌 친정집에서 지낸 효녀였습니다.

신사임당은 높은 학문과 시와 서예와 그림에 능한 예술가요, 4남 3녀의 어진 어머니로서, 인품과 재능이 뛰어난 완벽한 여성이었습니다. 그러나 한 남편의 아내로서는 불행하였습니다. 그녀는 당시 최고의 명문 덕수 이(李)씨 가문의 원수와 열아홉에 결혼을 했습니다. 그녀의 남편은 학문에는 열중하지 않고 풍류를 좋아하고 기생을 가까이하여 매번 과거시험에 떨어졌습니다.

남편인 이원수 씨 입장에서 보면, 자기보다 학문과 서예와 시문에 뛰어나고 예절과 품행이 흩어짐이 없는 완벽한 아내인 사임당 앞에 서면 자신이 초라해지고 작아지는 열등감에 빠져서 기를 펴지 못하고 본인의 재능을 펼 수 없었을 것입니다.

사임당이 마흔여덟 젊은 나이에 죽자, 이원수 씨는 아내인 사임당이 죽어가면서 재혼을 하지 말라고 유언을 했지만, 네 번째 자녀이자 셋째 아들인 율곡 이이보다 한 살 아래의 기생을 후처로 들여놓았습니다. 본인보다 서른다섯 살 아래인 기생을 후처로 들여놓았으니 명문대가 문중 어른들은 어떻게 생각했을까요? 칠남매의 자녀들은 또 어떻게 생각했을까요?

사임당이 남편에게 재혼하지 말라고 당부한 데에는 어떤 뜻이 있어서였을까요? 계모가 들어오면 당신이 낳은 어린자녀들이 구박을 당할 것을 예상해서였을 것입니다. 하지만 남편인 이원수 씨가 아내의 뜻을 저버리고 후처를 들인 데에는 나름대로 이유가 있어서였습니다. 어린 자녀를 돌볼 여자가 필요하다고 생각했기 때문입니다. 얼굴도 예쁘고 마음도 착하고 애교가 있고 상냥하며 영특한 그 기생이 가장 적합하다고 생각했을 것입니다. 그러나 그 생각은 빗나갔습니다.

큰 대갓집 안방주인이 된 기생은 하인들이 자신을 무시하고 인사도 하지 않고 말을 듣지도 않는다고 호통을 치는가 하면, 때로는 종아리를 회초리로 때리기까지 했었습니다. 그리고 아침에는 술이 없으면 잠자리에서 일어나려 하지 않았습니다. 그러자 율곡 선생은 아침마다 문안 인사를 드리며, 하루도 빠뜨리지 않고 약주를 공손히 바쳤습니다. 나이는 한 살 아래이지만 법적으로는 계모인고로 친어머니같이 극진히 대접했습니다.

기생이 양반 노릇 하려니 따분하기 짝이 없어, 약주를 가져오라 하여 마시고는 노래를 부르고 춤을 추었습니다. 율곡 선생이 쫓아와서 "어머님! 여기서 그러시면 안 됩니다."라고 극구 말리면, 기생은 며칠이고 머리를 싸매고 누워서 단식투쟁을 했습니다.

그러면 율곡 선생은 밥상을 차려와 계모 앞에 놓고는 무릎을 꿇고 "어머님! 노여움을 푸십시오!" 하면서 일어나 밥을 먹을 때까지 빌었습니다.

기생 신분으로 양반집 안방주인으로 들어올 때는 자기 나름 대로 단단한 각오가 있었을 것입니다. 그리고 이겨낼 수 있는 방법도 생각해 두었을 것입니다. 그러나 막상 들어와 보니 너무도 큰 저항의 파도를 넘기가 역부족이었습니다. 주위의 모든 사람들이 무시하고 비웃고 조롱하였습니다. 안방주인으로서 질서를 잡아보려 했지만, 신분의 벽이 너무 높아 좌절할 수밖에 없었습니다. 그래서 술에 의지하였던 것입니다.

처음에는 율곡 선생이 자기에게 극진히 대하는 것도 비웃음과 조롱으로 생각했습니다. 그러나 세월이 가도 변함이 없는 율곡 선생의 행실에 감동하여 마음을 바꾸고 용기를 얻었습니다. 무엇보다도 율곡 선생이 집 안팎으로 자신의 위치를 확고하게 세워주고, 안방주인으로서의 역할을 할 수 있도록 해주니 감동할 수밖에 없었습니다.

그녀는 백팔십도로 달라졌습니다. 하녀들보다 먼저 일어나 집안 청소를 하고, 부엌에 들어가 불을 지펴놓고, 먹을 것이 있으면 골고루 나누어주고, 아이들을 업어주는 등, 상냥하고 다정하고 너그러운 여인으로 변하였습니다. 그리고 사임당이 낳은 자녀들을 잘 보살펴 훌륭히 키웠습니다.

율곡 선생이야말로 '수신제가치국평천하(修身齊家治國平天下), 몸과 마음을 닦아 수양하고 집안을 가지런히 하여 안정시킨 후, 나라를 다스리며 천하를 편안하게 한다.'는 유교의 올바른 선비의 길을 실천하신 분입니다.

율곡 선생이 마흔아홉 젊은 나이에 세상을 떠나자, 그녀는 부모가 돌아가시면 입는 상복을 입고 상여 뒤를 울면서 따라갔고, 삼년간 상복을 입었으며, 상청에 아침저녁으로 손수 밥을 지어 상식을 올리고 곡을 하였습니다. 문중 어른들이 예법에 맞지 않으니 그만두라고 하여도 말을 듣지 않고 이렇게 말했습니다.

"군사부일체라 했습니다. 나는 율곡을 아들로 생각하지 않고, 어리석은 나를 깨우쳐준 스승으로 생각했기 때문에 이렇게 예를 다하는 것입니다."

군사부일체란 임금과 스승과 아버지의 은혜는 똑같다는 뜻입니다. 이 내용은 『조선실록』에 실려 있습니다.

누이 같은 아내

부처님께서는 옥야에게 또 이렇게 말씀하셨습니다. "둘째, 누이 같은 아내란 남편을 받들어 섬기기를 한 부모에게서 혈육을 나눈 형제와 같이 하는 것이요, 그러므로 거기에는 두 가지 정이 있을 수 없으며, 누이가 오라비를 받들어 섬기듯 하는 것이오."

1981년 7월 29일, 세기의 결혼식이 있었습니다. 영국의 찰스 왕세자와 다이애나 비의 화려한 결혼식이 TV로 전세계에 생중계되었습니다. 다이애나는 결혼 일 년 만에 아들 윌리엄을, 다시 2년 후에 아들 해리를 출산했습니다. 그러나 찰스 왕세자와의 결혼생활은 순탄치 않았습니다. 찰스는 결혼 전부터 왕실 시종 무관의 아내였던 카밀라 파커볼스라는 연상의 여인을 사랑했습니다. 다이애나와 찰스 사이가 원만치 않은 것으로 영국 언론에 보도되기 시작한 것은 86년부터였습니다.

그러다가 결정적으로 금이 간 것은 92년 다이애나가 자신의 결혼생활을 포함한 영국 왕실에 관한 숨은 이야기를 수기로 술회한 때부터입니다. 그 결과 92년 12월, 두 사람은 마침내 공식적으로 별거를 선언했습니다. 별거 기간 중인 94년 7월, 찰스는 TV에 출현하여 자신이 카밀라와 혼외정사를 가졌음을 시인했습니다. 결국 96년 8월, 찰스와 다이애나는 이혼을 했습니다.

세계 사람들이 이들 부부는 잘 어울리는 한 쌍이라고들 했습니다. 찰스 왕세자는 영국 왕의 계승 1순위이고 다이애나는 명문 귀족 백작의 딸이요, 지적이며 아름다운 미모를 지닌 여성입니다. 그런데 이들이 이렇게 볼품없는 스캔들로 헤어지게 되자 세계인이 안타까워했습니다.

다이애나에 의하면 81년 찰스 왕세자가 결혼식에서 피로연까지의 공식행사에서는 흠잡을 수 없는 완벽한 젠틀맨이었다고 합니다. 그러나 모든 공식행사가 끝나고 그렇게도 가슴 두근거리며 기다리던 둘만의 시간이 왔습니다. 그런데 이게 웬일입니까? 찰스가 완전히 딴 사람으로 바뀐 것입니다. 여기에 당황한 그녀는 큰 실망을 하게 됩니다. 아동심리학을 공부한 그녀는 찰스가 어째서 이런 이중적인 행동을 할까를 생각해 보았습니다.

찰스는 어머니 엘리자베스가 스물두 살 때에 영국 왕실에서 태어나, 유모의 손에서 자랐습니다. 네 살 때 어머니가 왕위에 오르자 왕자가 되어 왕위 계승 1순위가 되었습니다. 그는 어려서 부터 엄격한 영국 왕실의 규범과 예절을 익혀야 했고, 학교도 왕실 전용학교를 다니며 철저한 경호를 받았습니다. 자유로이 친구를 사귀거나 어울려 놀 수가 없었습니다. 그는 감정이 없는 기계인간이 되어갔습니다.

행동은 기계적 인간이지만 가슴 깊은 곳에는 감정이 살아 꿈틀거리는 한 인간이었습니다. 왕자로서 갖추어야 할 품위와 예절, 왕실 법도가 그에게는 많은 스트레스를 주었습니다. 그래서 혼자만의 공간에서는 해방감을 느끼며 가장 원초적인 행동으로 스트레스를 풀었습니다. 그가 원하는 것은, 따뜻하고 포근한 누이, 친절하고 부드러운 누이 같은 여성이었습니다.

그러나 다이애나는 그에게 그렇게 해주지 못했습니다. 그녀의 지적이고 깔끔하고 귀족적 바른 예절, 철저한 생활방식 등이 오히려 찰스를 숨 막히게 했습니다. 그래서 신분도 보통이요 얼굴도 평범하고 행동도 평범한 보통 여인, 연상의 이혼녀 카밀라를 좋아했습니다.

다이애나는 자기가 낳은 아들 윌리엄과 해리를 유모의 손에 맡기지 않고 본인이 키웠습니다. 둘째 해리를 낳고 얼마 되지 않아 찰스 왕세자와 같이 외국 방문길에 어린애를 데리고 갔습니다. 시어머니 여왕께서는 데리고 가지 말라고 했는데도, 그녀는 고집을 부려 데리고 갔습니다.

학교도 왕실 전용학교를 보내지 않고 일반학교에 보냈습니다. 학교에서 돌아오면 청바지를 입히고 본인도 남들이 알지 못하도록 철저하게 위장하고 백화점에서 쇼핑도 하고, 극장에서 줄을 서서 기다리며 표를 사기도 하고, 일반식당에서 식사도 했습니다. 이렇게 한 것은, 아이가 아빠를 닮지 않도록 하기 위해서였습니다. 다이애나는 어머니로서는 훌륭했으나, 아내로서는 그러하지 못했습니다.

카밀라는 찰스 왕세자에게 따뜻하고 포근한 누이, 친절하고 부드러운 누이 같은 아내였습니다. 그래서 왕세자는 마음의 안정을 얻고 지금까지 잘 살고 있습니다.

친구 같은 아내

부처님께서는 옥야에게 또 이렇게 말씀하셨습니다. "셋째, 친구와 같은 아내란 남편을 모시고 사랑하는 생각이 지극해서 서로 의지하고 사모하여 떠나지 않고, 어떠한 비밀한 일도 서로 알리며 잘못을 보면 충고를 하여 실수가 없게 하고, 좋은 일에는 칭찬하여 지혜가 더욱 밝아지도록 하며, 서로 사랑하여 이 세상에서 편안히 지내게 하는 어진 벗과 같이 하는 아내요."

1997년도 어느 피자 체인점 설립자 이야기입니다. 그는 초등학교부터 중·고·대학까지 줄곧 일등만 한 수제였습니다. 서울대학교 법대를 수석으로 졸업했으나, 사법고시에는 합격하지 못했습니다. 일차 시험은 좋은 성적으로 합격하지만, 이차 시험에서는 매번 실패를 하였습니다. 그래서 어느 큰 기업에 취직하였습니다.

　　그런데 그 회사에서 몇 년 못가서 쫓겨났습니다. 그가 쫓겨난 동기는 너무 자기 의견만 옳다고 고집을 부리며 주장했기 때문입니다. 동료들과 화합을 이루지 못하여 회사운영에 막대한 지장을 준다는 이유였지요. 초등학교부터 대학교까지 일등만 하였기 때문에 자기 위에는 아무도 없는 것이었습니다. 그는 회사에서 잘렸지만, 그 사실을 아내에게 알리지 못했습니다. 그는 회사에 출근하는 것처럼, 아침마다 제 시간에 집을 나섰습니다. 그런 일을 몇 달 동안 계속했습니다. 그는 갈 곳이 없어 공원이나 산에 올라가 시간을 보내고 퇴근시간에 맞춰 집에 돌아오곤 하였습니다.

　　그는 매일 아내에게 용돈 타서 쓰는 것에 자존심이 상해서 월급봉투를 아내에게 갖다 줄 때마다 미리 떼어내곤 했었습니다. 그런데 몇 달 동안이나 월급을 타지 못했기 때문에 용돈이 바닥이 나야 마땅한데도, 웃옷 안주머니에 손을 넣으면 늘 돈이 들어 있곤 하였습니다. 한두 번이 아니고 여러 차례 이런 일이 반복되자 아무래도 이상한 생각이 들었습니다. 그래서 어느 날은 잠자리에서 잠든 척하고 누워 있었습니다. 역시 범인은 아내였습니다.

아내가 살며시 일어나더니 자기의 웃옷 안주머니에 돈을 넣는 것이었습니다. 그 순간 온몸에 전율이 흐르고 두 눈에서는 눈물이 흘렀습니다.

그는 자신에게 약속을 했습니다. '내일은 어떻게든 취직을 해야지. 어떤 직업이든 사람을 구한다는 광고가 첫 번째로 눈에 띄기만 하면 그 업소에 취직하리라!'

다음날 아침, 여느 때와 똑같이 출근 시간에 집을 나서서 거리를 걷다가 피자 가게 앞에서 "종업원 구함!"이라는 안내판을 보았습니다. 그는 그 자리에 발을 멈추고 망설이다가 용기를 내서 들어갔습니다. 가게 주인에게 이 가게에서 일하고 싶다고 하니, 위아래로 훑어보더니 고개를 갸우뚱합니다. 그러면서 학교는 어디쯤 나왔으며 궂은일을 해보았는지 등등 이것저것을 물었습니다. 학교는 중학교밖에 나오지 않았고, 일은 이것저것 해봤다고 대답하니, 그럼 여기서 한번 일해보라고 받아주었습니다.

그때부터 그는 나를 낮추는 공부, 나를 버리는 수행을 시작했습니다. 지금까지는 자기중심적 자기보호의 방어선을 구축하면서 살아왔습니다. 그럼으로써 오히려 참나를 잃어버리고 거짓 내가 세워놓은 방어선 뒤에서 떨면서 살아왔습니다. 가식으로 둘러싸인 장벽을 헐어버리는 것은 쉬운 일이 아니었습니다. 그는 열심히 일하면서 명석한 머리로 영업방식을 분석해 보고, 미래의 먹거리 시장이 어떻게 달라질 것인가를 예측해 보았습니다.

'우리나라 젊은이들의 의식주가 서구화되어 가고 있다. 의상과 주택은 이미 서구화되었고, 식문화 역시 빠르게 서구화되어

가고 있다. 그러면 젊은이들은 빵과 피자를 선호하게 될 것이다. 피자 사업은 미래가 밝다. 투자할 가치가 있다.'

그런 가늠이 섰습니다. 그리고 자신이 일하는 피자 가게의 비효율적인 운영방식이 눈에 보였습니다.

그는 지금까지의 모든 일을 아내에게 털어놓고 협조를 구했습니다. 아내는 흔쾌히 협조를 했고, 지인들을 모아 주식회사를 설립하게 되었습니다. 주위의 많은 사람들이 '사업을 아무나 하나?', '책만 읽던 사람이 사업의 사자도 모르면서 어찌 하려고 저러나!' 걱정하고 비웃었지만, 아내는 남편을 믿고 옆에서 격려를 해주었습니다.

하지만 그 모든 예상을 깨뜨리고 사업은 날개가 달린 듯 잘 되었습니다. 지금은 전국에 600개가 넘는 가맹점을 가진 큰 주식회사가 되었습니다. 그의 아내야말로 부처님께서 말씀하신 친구 같은 아내입니다.

88년도였습니다. 제가 잘 아는 지인의 친구 이야기입니다. 그녀는 사십대 중반이 넘은 나이였으며, 금실 좋은 남편과 두 사내의 어머니였습니다. 그런데 어느 날, 그녀는 눈가에 문신을 했습니다. 80년대 당시에는 여자들이 눈가에 파랗게 문신을 하는 게 유행이었습니다. 그날 저녁 때 회사에서 돌아온 남편이 아내의 눈을 보고는 당장 나가라고 하면서 안방에서 밀어냈고, 아들들에게도 오늘 밤 절대로 방문을 열어주지 말라고 하였습니다.

이렇게 크게 화를 내는 것을 처음 본 그녀는 '나가라면 못

나갈까 봐.' 하고는, 대문 밖으로 나왔지만 막상 갈 곳이 없었습니다. 친정집으로 가려고 하니 저녁 늦게 쫓겨난 신세라 친정부모님이 걱정할 것 같고, 친구집으로 가자니 자존심이 상하고, 여자 혼자서 여관에 들어가려고 하니 남들이 볼까 부끄러웠습니다. 다시 집으로 들어가 시어머니 방으로 들어갈 생각을 했지만, 아무래도 마음이 불편했습니다. 그래도 믿을 수 있는 것은 아들들이라고 생각이 들어서 다시 집으로 들어온 그녀는, 아들들의 방문 손잡이를 돌렸습니다. 하지만 문이 잠겨 돌아가지 않았습니다.

아이들만은 내 편이라고 생각했는데, 내가 그들을 얼마나 혼신을 다해서 키웠는데, 생각하면 할수록 배신감이 들었습니다. 분한 마음에 눈물이 쏟아져 나왔습니다. 늦가을이라 밤공기가 약간 쌀쌀한 거실에서 한참 소리 없이 울다가, 너무도 억울하고 서러워서 대학노트에 처음 남편을 만나 결혼하여 온갖 어려움을 이겨내고 살아온 과정을 눈물을 흘리면서 써 내려갔습니다. 맨 마지막에는 이렇게 하소연했습니다.

'남들도 다하는 눈가에 문신을 좀 했다고 이렇게 나를 박대하고 당장 집에서 나가라고 안방에서 쫓아낼 수가 있소. 이제 나도 멋도 부려보고 내 인생 좀 살아보자고 하는데, 애교로 봐주지 못하고 밴댕이 소갈머리같이 날 쫓아낸다는 말이오.'

다섯 장이나 되는 편지를 써서 봉투에 담았지만, 어떻게 전해주어야 할지 방법이 떠오르지 않았습니다. 내일이 되기를 기다려 우체국에 가서 우편으로 보내자니 너무 시간이 걸리고 그냥 불쑥 내밀 수도 없었습니다. 가만히 생각해보니 남편이 아침마다 조간신문을 챙겨본다는 것이 떠올랐습니다. 신문이 올 시간이 오면, 남편은 신문을 들고 화장실로 가곤 했습니다.

평상시와 같이 신문이 대문 안으로 떨어지는 소리가 들리자, 밖으로 나가 편지를 신문 속에 끼워넣어 두었습니다. 아니나 다를까, 남편이 방문을 열고 나오더니 신문을 갖고 화장실로 들어가는 것이었습니다. 일단 성공입니다. 아침식사 시간, 식탁에 식구들이 모두 제자리에 앉았습니다. 시어머니와 남편의 사이가 그녀의 자리인데, 남편 옆에 가 앉으려니 왠지 쑥스러워 숭늉을 만드는 척 시간을 끄는데, 시어머니는 빨리 와서 밥을 먹지 않는다고 성화를 하는 것이었습니다. 마지못해 자리에 앉아 밥을 한 숟가락 뜨는데, 남편이 혼잣말로 '나도 내 인생 살아보고…' 또 한 숟가락 뜨는데, '멋도 좀 부려보고…' 하면서 약을 올리는 것이었습니다. 그 바람에 밥도 제대로 먹을 수가 없었습니다. 남편이 출근한 뒤, 혼자서 곰곰 생각할수록 분통이 터져 참을 수가 없었습니다.

'그렇게 간절하게 쓴 편지를 읽었으면 마누라 심정을 다 이해해 주어야지, 어젯밤 자신의 행동을 뉘우치고 잘못했다고 사과를 하기는커녕 빈정대며 약을 올려?! 퇴근만 하고 와봐라. 오늘 저녁은 결판을 내야겠다. 이혼은 생각하지 않지만 더 이상 참을 수 없다.'

벼르고 있는데 마침내 남편이 돌아왔습니다. 안방으로 남편을 데리고 들어가, 하고 싶은 이야기를 실컷 해댔습니다. 남편은 아무 말 없이 듣고만 있다가 입을 열었습니다.

"그래, 당신이 못난 나를 만나서 고생 많이 했지. 내가 왜 그것을 모르겠어. 하지만 어느 날 내가 퇴근하여 집에 와보니 당신의 긴 머리가 싹둑 잘려지고 꼬불꼬불 지져 붙였더라고. 그때 섭섭했지. 우리가 강변을 걸으면서 데이트할 때, 생각나? 당신의 머리카락이 바람에 날려 내 얼굴을 스칠 때마다 가슴이 두근거렸어. 그 머리 냄새는 지금도 잊을 수 없어. 하지만 요즈음은 모든 여자들이 다 꼬불꼬불 지지는데 내 아내라고 하고 싶지 않겠는가, 생각해서 그냥 넘어갔지. 그런데 어느 날 집에 와보니 당신의 귀에 쇠고랑이가 달려 있더라고. 멀쩡한 귀를 뚫고 쇠고랑이를 달았어도 그냥 넘어갔어. 하지만 당신의 아름다운 눈이 부부싸움 하다가 주먹으로 한 대 맞아 시퍼렇게 멍든 것처럼 변한 것에는 너무 속이 상했어. 호수같이 맑고 아름다운 눈이 흉측스럽게 변해서 보기가 싫어!"

남편 말을 듣고 보니 자신의 짧은 생각이 부끄러웠고, 남편의 깊은 사랑에 감동하여 가슴이 뭉클했습니다. 부부는 사소한 것으로 싸우고 조그마한 배려에도 감동합니다. 너무 가깝기 때문입니다. 사소한 일이라도 서로 상의하고 상대방 의사를 존중한다면, 친구 같고 도반 같아 알콩달콩 행복한 가정을 꾸릴 수 있습니다.

가정이라는 이름의 얼굴을 그리는데, 남편은 겉 테두리를 그려줍니다. 아내는 거기에 눈, 코, 입을 그려 넣습니다. 웃게도, 울게도 그리는 것은 아내의 솜씨입니다. 남편이 겉 테두리를 그리는데, 인자한 사람 얼굴의 테두리를 그리지 않고 네모반듯하게 그린다든가 세모꼴을 그린다든가 공처럼 동그랗게 그려 넣는

다면, 아무리 아내가 눈, 코, 입을 예쁘게 그려도 우스꽝스럽게 되고 맙니다. 부부간에는 말 한마디가 중요합니다.

부주의한 말 한마디가 싸움의 불씨가 되고
잔인한 말 한마디가 삶을 파괴합니다.
쓰디쓴 말 한마디가 증오의 씨를 뿌리고
무례한 말 한마디가 사랑의 불을 끕니다.
은혜로운 말 한마디가 길을 평탄케 하고
즐거운 말 한마디가 하루를 빛나게 합니다.
때에 맞는 말 한마디가 긴장을 풀어주고
사랑의 말 한마디가 축복을 줍니다.

며느리 같은 아내

부처님께서는 옥야에게 또 이렇게 말씀하셨습니다. "넷째, 며느리와 같은 아내란 공경과 정성을 다해 어른을 받들고 겸손과 순종으로 남편을 섬기며, 일찍 일어나고 늦게 자며 어긋나는 말과 행동을 하지 않소. 좋은 일이 있으면 다른 사람에게 돌리고 궂은일에는 자기가 나서서 책임을 지오. 남에게 베풀기를 가르치고 착하게 살기를 서로 권하며 마음이 단정하고 뜻이 한결같아 조금도 그릇됨이 없소. 아내의 예절을 밝게 익혀 손색이 없으니, 나아가도 예의에 어긋나지 않고 물러나도 예의를 잃지 않으며, 오로지 화목으로써 귀함을 삼으니, 이것이 며느리 같은 아내인 것이오."

진도 아리랑에 이런 가사가 있습니다.

씨엄씨 죽으라고 고사를 지낸께
친정엄매 죽었다고 기별이 왔네

고부간의 갈등은 예나 지금이나 해결해야 할 가정의 큰 문제입니다. 이 해결책은 정해진 공식이 없는고로 다양한 사례가 전해져 내려옵니다.

일제 강점기에, 대전 유성 근방에 땅과 재산을 많이 가진 지주가 있었습니다. 그는 무남독녀 외동딸을 일본 동경으로 유학을 보냈습니다. 그녀는 동경 유학생활 중 조선에서 장학생으로 선발되어 유학 온 남학생과 사랑에 빠졌습니다. 두 남녀는 졸업을 하고 조선으로 돌아왔습니다. 그녀는 아버지에게 동경에서 만난 남학생과 결혼을 할 수 있도록 허락해 달라고 간절히 애원을 했습니다.
그러나 그녀의 아버지는 "네가 가난한 남자애한테 시집가면 고생이 많을 것이다. 어찌 시집살이를 하려 하느냐. 네가 밥을 지을 줄 아느냐, 반찬을 만들 줄 아느냐, 길쌈을 할 줄 어느냐, 농사를 지을 줄 아느냐. 너는 우리 집에서는 호강만 하고 살았지 않느냐. 우리 집에서는 시녀들이 붙어서 항상 너를 도와주었으니 네가 할 일이 없지만, 그 집에서는 그렇지 않다. 시아버지, 시어머니, 시누이, 그 많은 식구 중에 며느리는 서열이 가장 낮은 종과 같다. 네가 그런 집에서 종노릇하면서 살 수 있겠느냐? 나와 언약이 된 잘사는 양반집이 있는데, 그 집 자제의 인물이 준수하다. 아버지는 큰 벼슬을 한 사람이다. 그 집으로 시집가면 우리 집에서처럼 시녀들이 항상 너를 시중들어 줄 것이니, 가난한 그 집에 시집가서 고생하지 말고, 내가 정해준 집으로 시집가거라."

그러나 그녀는 "저는 그이를 너무 사랑하기 때문에 헤어질 수 없어요. 어떠한 어려움도 이겨낼 자신이 있어요. 결혼을 허락해 주세요." 하고는 단식투쟁을 했습니다. 아버지는 고집 센 딸의 의지를 꺾을 수 없어 결국 허락을 해주었습니다.

"난 널 딸로 생각하지 않겠다. 그리고 넌 친정의 도움을 받을 생각을 하지 마라. 내가 가진 재산은 사회의 좋은 일에 쓸 것이다."

아버지는 딸 혼수를 대충대충 해서 마지못해 시집을 보냈습니다.

그녀는 친정아버지의 말대로 해보지 않은 부엌일, 길쌈, 농사일을 하려니 너무 힘들었습니다. 육체적으로도 힘들지만 정신적으로도 시어머니의 구박이 참기 힘들었습니다.

"니 어미는 도대체 뭘 가르쳤느냐? 할 수 있는 거라고는 하나도 없으니. 그리고 니네 집은 그리도 잘 살면서 무남독녀 외동딸을 시집보내면서 혼수가 그게 뭐냐! 니 아비는 구두쇠다. 죽으면 뉘한테 물려주려고? 죽으면 아무것도 가져가지 못할 것을…."

자신을 욕하는 것은 참을 수 있는데, 친정 부모님을 욕하니 참을 수가 없었습니다. 거기다 자기를 적극 변호해줄 것으로 믿었던 남편은 자기 어머니 앞에서는 꿀 먹은 벙어리가 되어버렸습니다. 게다가 시누이는 얄밉게도 "부자면 뭘 해? 아무 도움도 주지 않는데! 여자가 많이 배워 봤자지, 어디 써먹을 데가 있어야지." 하며 빈정댔습니다. 일 년 남짓 시집살이를 하고보니 몸은 쇠약해지고 시집살이는 더욱 심해져서 어느 날부터는 친정어머니가 그립고 친정아버지의 말을 듣지 않은 것이 후회가 되었습니다. 그래서 어떤 일이 있어도 친정에 오지 말라는 아버지의 엄명을 깨뜨리고 친정집으로 달려갔습니다.

친정아버지께 울면서 아버지의 말씀을 어기고 선택한 결혼을 참회하면서, "아버지, 내가 죽든가 시어머니를 죽이든가 둘 중 하나를 선택해야 되겠습니다."라고 말합니다. 아버지는 딸의 손을 잡고 "애야, 고생이 많았구나. 네 손을 보니 그 고운 손이 이렇게 거칠어졌구나. 내가 너를 얼마나 사랑했는지 아느냐? 네가 죽다니 될 말이냐? 그 못된 시어머니를 죽이자." 하고는 딸아이의 편을 들어줍니다. 그러더니 아버지는 벽장에서 꽁꽁 봉해진 조그마한 단지를 꺼내오더니 딸 앞에 내놓습니다.

"이것을 네 시어머니 국에다 조금씩 넣어서 먹이면 한 보름 쯤 비실비실하다가 잠에 빠져 죽는다. 그러나 지금 죽이면, 네가 의심을 받게 될 게 뻔해. 그러니 일 년 후에 먹여라. 그때까지는 네 시어머니가 무슨 말을 하든지 말대꾸를 하지 말고 예, 알겠습니다, 해야 한다. 뭘 시키든지 공손히 예, 제가 하겠습니다 하고,

잘못했다고 야단치면 제가 잘못했습니다, 공손히 말을 들거라. 그래야 의심을 받지 않는다."

그녀는 아버지의 깊은 사랑에 감동했습니다. 그토록 엄한 아버지이니 실컷 호통이나 듣고 쫓겨날 줄만 알았는데, 손을 잡고 눈물을 글썽거리며 위로해 주니 너무나 의외였지만, 그런 만큼 더욱 더 아버지의 깊은 사랑이 마음에 와 닿았습니다.

시댁으로 돌아온 그녀는 아버지가 시키는 대로 시어머니가 어떤 구박을 해도 "예, 제가 잘못했습니다." 무엇을 시켜도 "예, 제가 하겠습니다." 겉으로는 공손히 말을 잘 들으면서도 속마음으로는 '일 년만 지나봐라. 널 꼭 죽이고 말 것이다.' 다짐했습니다.

친정에 다녀온 뒤부터 달라진 며느리를 보고 시어머니는 '친정 부모의 훈계를 잘 받고 왔구나'라고 생각했습니다. 전에는 뭘 시키면 "우리 집에서는 시종들이 다 했어요." 하며 할 줄 모른다고 뺀들거리고, 잘못된 것을 지적하면 한 번도 지지 않고 반박하던 며느리였습니다. 그러던 며느리가 이제는 "제가 하겠습니다, 제가 잘못했습니다, 어머니 말씀이 옳습니다." 이렇게 달라지니, 시어머니도 기특해서 예뻐하기 시작했습니다. 그러다 보니 그녀도 진정으로 시어머니를 좋아하게 되었습니다.

일 년이 되어 그녀는 친정아버지가 준 단지를 들고 친정으로 와서 아버지 앞에 놓고 말했습니다.

"이제는 시어머니를 죽일 필요가 없을 것 같습니다."

"왜냐?"

"시어머니가 제게 너무 잘 해줍니다."

"그래? 잘되었구나. 그래도 그걸 시어머니께 드려라!"

"시어머니가 돌아가시면 어떻게 해요."

친정아버지께서는 단지 뚜껑을 열고 숟가락으로 한 스푼 떠서 먹으면서 "이것은 꿀이다. 아주 좋은 석청이니 시어머니 몸보신하도록 드리도록 해라." 하시는 것이었습니다.

친정아버지는 모든 것이 제 잘못인 줄 모르고 남 탓만 하는 딸아이를 교화시키기 위한 방편을 행했던 것입니다. 친정아버지는 많은 재산을 투자하여 학교를 세워 이 나라 젊은이들의 미래를 위해 교육사업을 시작했고, 딸과 사위에게 맡겼습니다. 많은 사람들이 자기의 허물을 보지 못하고 남 탓만 합니다. 여기, 나를 돌아보는 한 글귀가 있습니다.

그러나 이제 보니

내 마음이 메마를 때면, 나는 남을 보았습니다. 그러나 이제 보니, 내 마음이 불안하고 답답한 것은 남 때문이 아니라, 내 속에 자비가 없었기 때문입니다.

내 마음이 불안할 때면, 나는 늘 남을 보았습니다. 그러나 이제 보니, 내 마음이 불안하고 답답한 것은 남 때문이 아니라, 내 속에 자비가 없었기 때문입니다.

내 마음이 외로울 때면, 나는 늘 남을 보았습니다. 그러나 이제 보니, 내 마음이 외롭고 허전한 것은 남 때문이 아니라, 내 속에 자비가 없었기 때문입니다.

내 마음에 불평이 쌓일 때면, 나는 늘 남을 보았습니다. 그러나 이제 보니, 나에게 쌓이는 불평과 불만은 남 때문이 아니라, 내 속에 자비가 없었기 때문입니다.

　내 마음에 기쁨이 없을 때면, 나는 늘 남을 보았습니다. 그러나 이제 보니, 나에게 기쁨과 평화가 없는 것은 남 때문이 아니라, 내 속에 자비가 없었기 때문입니다.

　내 마음에 희망이 사라질 때면, 나는 늘 남을 보았습니다. 그러나 이제 보니, 내가 낙심하고 좌절하는 것은 남 때문이 아니라, 내 속에 자비가 없었기 때문입니다.

　나에게 일어나는 모든 부정적인 일들이 남 때문이 아니라, 내 마음에 자비가 없었기 때문이라는 것을 알게 된 오늘, 나는 내 마음밭에 자비라는 이름의 씨앗 하나를 떨어뜨려 봅니다.

며느리의 십중대계

1. 시부모가 부를 때는 부드럽고 상냥하게 빨리 대답하라.
2. 시부모를 대할 때는 밝은 표정을 지어라.
3. 용돈을 자주 드려라.
4. 문안인사를 자주 드려라.
5. 시부모 앞에서 약간의 실수에 부담 갖지 말라. 약간의 실수는 애교이다.
6. 시부모에게 아는 것도 자주 물어 대화를 유도하라.
7. 시부모 앞에서는 되도록 자녀들을 야단하거나 때리지 말라.

8. 시부모가 좋아하는 음식을 자주 해드리고 시부모 친구들을
   자주 초청하여 대접하라.
9. 자녀들에게 할아버지, 할머니 칭찬을 종종 하여라.
10. 나와 남편은 시부모와의 위치를 바꿔 생각해 보라.

시어머니의 십중대계

1. 며느리를 부를 때는 부드럽고 다정한 음성으로 부른다.
2. 며느리를 대할 때는 자비스런 표정으로 친딸처럼 대한다.
3. 며느리의 말을 끊지 말고 끝까지 들어준다.
4. 시시콜콜 잔소리를 하지 않는다.
5. 다른 며느리와 비교하여 나무라지 않는다.
6. 며느리 험담을 하거나 없는 말을 지어내어 며느리들과 이간
   시키지 않는다.
7. 약간의 실수는 모른 척한다.
8. 며느리 친정 이야기를 꺼내 자존심이 상하게 하지 않는다.
9. 며느리나 아들이 자녀들에게 교육상 야단을 칠 때 손자손녀
   의 편을 들지 않는다.
10. 자주 며느리와 아들 입장에서 생각해 본다.

종 같은 아내

부처님께서는 옥야에게 또 이렇게 말씀하셨습니다. "다섯째, 종과 같은 아내란 항상 어려워하고 조심하여 교만하지 않고, 일에 부지런하여 피하거나 꺼리는 것이 없으며, 공손하고 정성스러워 충성과 효도를 끝까지 지키오. 말은 부드럽고 성질은 온화하며 입으로는 거칠거나 간사한 말을 하지 않고, 몸으로는 방종한 행동을 하지 않소. 정숙하고 선량하고 슬기로우며 항상 스스로 엄하게 단속하여 예의로 몸가짐을 삼소. 남편이 사랑해도 교만을 부리지 않고 설사 박대를 할지라도 원망함이 없이 묵묵히 받아들여 딴 생각을 품지 않소. 남편이 즐기는 것을 권하고 말이나 얼굴빛에 질투가 없으며, 오해를 받더라도 그것을 밝히려고 다투지 않소. 아내의 예절을 힘써 닦아 옷과 음식을 가리지 않고 다만 공경하고 정성을 기울일 뿐, 남편을 공경하고 받들기를 마치 종이 상전을 섬기듯 하는 것이니, 이것이 종과 같은 아내요."

한 부부가 밤새 부부싸움을 한 뒤, 다음날 부처님을 찾아가 말했습니다.

"부처님, 저희 부부는 성격이 맞지 않아 도저히 같이 살 수가 없습니다. 저희들은 헤어지려고 합니다. 어떻게 하면 좋을까요?"

부처님께서는 말씀하셨습니다.

"옛날에 원숭이들이 사는 산이 있었다. 그런데 지진이 일어나 산사태가 나고 바위가 굴러 떨어지고 큰 나무가 쓰러지면서 많은 원숭이들이 죽고 다쳤다. 그 중 한 암컷 원숭이는 눈을 다쳐 앞을 보지 못하게 되어, 먹을 것을 찾지 못해 배가 고파 울고 있었다. 그 옆에는 한 수컷 원숭이가 허리를 다쳐 하체가 마비되어 두 다리를 못 쓰게 되어, 그도 배가 고파도 저 멀리 있는 과일을 보고도 가지 못해 안타까워했다. 그 수컷 원숭이가 울고 있는 암컷 원숭이를 보고는 왜 우느냐고 물으니, 눈을 다쳐 앞이 보이지 않아 먹을 것을 찾지 못해 배가 고파 운다는 것이었다. 그러자 수컷 원숭이가 암컷 원숭이에게 제안을 했다. 저 앞에 맛있는 과일이 많이 달려 있는 나무가 있는데, 자기는 뒷다리가 마비되어 갈 수가 없으니, 자기를 업고 가자는 데로 가서 과일을 따도록 하자고. 그래서 너도 먹고 나도 먹자고. 암컷 원숭이가 흔쾌히 허락을 하여, 두 원숭이는 서로 의지하면서 알콩달콩 잘 살았느니라.

처음에 수컷 원숭이는 암컷 원숭이가 너무나 고마워, 맛있어 보이는 과일을 먼저 암컷 원숭이에게 주고 자기는 나쁜 것을 먹었다. 그렇게 다정하게 지내다가 세월이 가면서 차츰 고마움도 잊어버리게 되었다.

어느 날 예쁘게 생긴 젊은 암컷 원숭이 한 마리가 수컷 원숭이에게 다가와 친절하게 해주자, 수컷 원숭이는 젊은 원숭이에게 온통 정신이 빼앗기고 말았다. 좋은 과일이 있으면 젊은 원숭이에게 주고, 둘이서만 맛있게 먹으면서 히히덕거리자, 화가 난 눈 먼 원숭이가 수컷 원숭이에게 불평을 하였지. 그러자 수컷 원숭이가 핀잔을 주었다. '앞도 못 보는 주제에 주는 대로 먹어야지, 무슨 잔소리가 그리 많아.'

그러자 암컷 원숭이는 화가 나서 업고 있던 수컷 원숭이를 땅에다 팽개치면서 소리쳤다. '다리도 못 쓰는 병신 주제에 바람을 피워?. 난 너하고 더 이상 못 살아.' 두 원숭이는 헤어졌고, 결국 굶어죽고 말았느니라."

부처님의 이야기를 들은 그 부부는 크게 뉘우치고, 부처님께 이렇게 말했습니다.

"부처님이시여, 저희들이 어리석어 서로 자신만 손해 보면서 살고 있다고 생각했습니다. 이제부터는 서로서로 고마워하면서 사는 부부가 되겠습니다."

KBS TV의 아침마당 프로그램에는 "전국 이야기 대회. 내 말 좀 들어봐"라는 코너가 있습니다. 아내가 암에 걸려 투병생활을 할 때 남편이 온 정성을 다해 간호한 덕으로 암을 극복한 사례가 소개되는 것을 보았습니다. 반대로 남편이 암에 걸려 아내가 살신성인(殺身成仁)으로 간호하여 마침내 암을 이겨내는 경우도 있었습니다. 사랑이라는 강한 에너지가 암세포를 죽인 사례들입니다.

최근 의학계에서 발표한 호르몬 중에 '다이돌핀'이라는 것이 있습니다. 엔돌핀이 암을 치료하고 통증을 해소하는 효과가 있다는 것은 이미 알려진 이야기이지만, 이 다이돌핀의 효과는 엔돌핀의 5천 배라는 사실이 발표되었습니다. 그럼 이 다이돌핀은 언제 우리 몸에서 생성될까요? 바로 감동을 받는 때입니다.

칭찬을 받았을 때나 좋은 노래를 들었을 때, 아름다운 풍경에 압도되었을 때나 경이로운 사랑에 빠졌을 때, 우리 몸에서는 놀라운 변화가 일어납니다. 전혀 반응이 없던 호르몬 유전자가 활성화되어 엔돌핀, 도파민, 세로토민이라는 아주 유익한 호르몬들이 생산되기 시작합니다. 특히 굉장한 감동이 올 때, 드디어 위에서 말씀드린 '다이돌핀'이 생성됩니다. 이 호르몬들이 우리 몸의 면역체계에 강력한 긍정적 작용을 일으켜 암을 공격합니다.

선생자경(善生子經)에서 부처님께서는 남편의 도리에 대하여 이렇게 말씀하셨습니다.

"남편은 다섯 가지 일로 그 아내를 존경하며 부양해야 한다. 다섯 가지란 바른 마음으로 존경하며, 아내의 마음씀씀이에 대해 원한을 품지 않으며, 딴 여인에 대한 애정을 지니지 말며, 의식주를 책임지며, 때때로 좋은 선물을 주는 일이다."

사랑은 받는 것이 아니라 주는 것이라고 했습니다. 종과 같은 남편, 종과 같은 아내란 아낌없이 주는 사랑을 말합니다.

원수 같은 아내

부처님께서는 옥야에게 또 이렇게 말씀하셨습니다. "여섯째, 원수와 같은 아내란 언제나 성내는 마음을 지니고, 남편을 보아도 반기지 않고, 밤낮으로 헤어지기를 생각하며, 부부라는 생각이 없이 나그네처럼 여기며, 걸핏하면 싸우려고 으르렁거리면서 조금도 어려워하는 마음이 없소. 흐트러진 머리로 드러누워 손끝 하나 까딱하지 않고, 집안 살림살이나 아이들이 어떻게 되건 전혀 보살피지 않으며, 바람을 피우면서도 부끄러운 줄을 모르오. 그 모습이 짐승과 같아 친척을 욕되게 하니, 이것이 원수 같은 아내요."

86년 전남 구례 지리산 천은사 선원에 있을 때였습니다. 나이가 삼십대 후반쯤 되는 처사가 아홉 살 난 아들을 데리고 절에 와서 몇 달을 지냈습니다. 하루는 궁금해서 이렇게 오랫동안 절에 머무는 사연을 물었더니, 그 처사는 자신의 신세를 털어놓았습니다.

처사는 대구에서 꽤 큰 전자제품 대리점을 했었습니다. 자기 아내는 경리를 보았고, 그런대로 장사가 잘 되어서 돈을 좀 벌었습니다. 하루는 아내가 코 성형 수술을 받고 싶다고 졸라댔습니다. 그녀는 키도 크고 몸매도 날씬하고 피부도 희고 고우며, 얼굴도 코가 낮은 것을 빼고는 흠잡을 데가 없는 미인이었습니다.

당시는 성형수술이 발달되지 않을 때여서 잘못하다가는 부작용이 있을 것 같고 비용도 만만치 않아서 선뜻 허락할 수 없었습니다. 그래서 성형수술을 하겠다는 아내에게, "누구한테 잘 보이려고 그러는 거야? 내 보기는 지금 이대로 예쁘기만 한데." 하며 말렸습니다. 하지만 아내가 자꾸만 코를 세우겠다고 졸라대는 바람에 마지못해 허락을 했습니다. 코를 세워놓고 보니, 처사가 봐도 몰라보게 예뻐졌습니다.

코를 세우고 나니 얼굴만 바뀌는 것이 아니라, 행동도 바뀌었습니다. 예전에는 수줍음이 많던 아내가 많은 남자들이 예쁘다고 칭찬을 하자, 우쭐대며 비싼 옷을 사 입기를 좋아했습니다. 고급 화장품을 사서 화장을 하고, 친구들 모임에 간다고 자주 집을 비우고, 살림살이를 등한시하며 애들을 잘 돌보지 않았습니다. 저녁 늦게야 들어오는 데다가, 입에서는 술 냄새가 풍기는 것이었습니다. 그것으로 부부싸움을 하게 되고, 그럴수록 아내는 더욱 삐뚤어져 가더니만, 어느 날 통장에 든 돈을 몽땅 털어서 사라져 버렸습니다. 알고 보니 못된 친구들을 만나 나이트클럽을 들락거리며 춤바람이 났고, 거기서 만난 제비의 꼬임에 빠져 돈을 훔쳐 도주한 것이었습니다.

순진한 그녀는 돈만 빼앗기고 채여서 갈 곳이 없게 되자, 어느 절간에 들어가 숨어 있었습니다. 얄밉고 괘씸해서 찾지 않으려고 하는데, 밤마다 애들이 엄마를 찾으며 울어서 마음을 바꾸어 먹었습니다.

그때 딸은 다섯 살, 아들은 세 살이었습니다. 아내의 친구가 가르쳐준 대로 절에 찾아가 아내를 만나, 모든 걸 용서해 줄 테니 집으로 돌아가 애들 키우며 새로운 마음으로 살자고 달래어

102

집으로 데려왔습니다. 그리고 옛날과 같이 잘해 주었습니다. 아내는 본인이 지은 죄책감에 괴로워하며 우울증에 시달리더니, 어느 날 목을 매어 자살해 버렸습니다.

그러자 처사 또한 세상살이가 싫어지고 마음이 괴로웠습니다. 사업을 남동생에게 넘겨주고, 딸은 무주 구천동 어느 비구니 스님의 절에 맡겼습니다. 그리고 본인은 천은사에 와서 머리를 깎고 승려가 되고자 하나 아들 때문에 이러지도 저러지도 못하고 있는 처지라고 했습니다. 처사의 딱한 사정을 들으니, 부처님께서 옥야에게 말씀하신 일곱 종류의 아내 중에 여섯째 '원수와 같은 아내'란 대목이 생각났습니다.

여자들은 누구나 예뻐지고 싶어 합니다. 우리나라 여성들은 어느 나라 여성보다 그 정도가 심하여 성형수술을 세계에서 제일 많이 한다고 합니다. 얼굴을 성형수술 하면 운명이 바뀌는 수가 있습니다. 좋은 방향으로 바뀌면 행운을 가져오지만, 나쁜 방향으로 바뀌면 불행을 초래합니다.

쌍꺼풀 수술도 잘못하면 첩살이 눈으로 바뀝니다. 그러면 남편과 거리가 멀어지고 남편은 외도를 하게 됩니다. 윗눈두덩 지방을 제거하면 부모님 재산상속을 받기 어렵게 되고, 아랫눈두덩 지방을 제거하면 자식 복이 없게 됩니다. 코를 세우기 위하여 콧방울을 위로 치켜세워 콧방울이 작아지면 재물이 달아나고, 아랫입술을 두툼하게 하면 색욕이 많은 여자가 되고, 아래턱을 깎아내면 복이 달아나 말년에 고생한다고 합니다.

행복한 여자는 많은 남자의 사랑을 받은 여자가 아니라,

한 남자의 지극한 사랑을 받은 여자라 했습니다. 많은 남자의 사랑을 받는 연예인은 한 남자 한 남편의 사랑을 받기가 어렵습니다. 부처님께서 말씀하신 어리석음이란 지능지수가 낮은 사람을 말하는 것이 아니라, 잘못된 소견을 가진 자를 말합니다. 항상 부처님 말씀을 의지하면 악마의 유혹에 빠지지 않고, 원수와 같은 아내가 되지 않을 것입니다.

도둑 같은 아내

부처님께서는 옥야에게 또 이렇게 말씀하셨습니다. "일곱째, 도둑과 같은 아내란 밤낮으로 자지 않고 성난 마음으로 대하며, 무슨 수를 써서 떠날까 궁리하고, 독약을 먹이자니 남이 알까 두려워서 못하고, 친정이나 이웃에 가서 그들과 짜고 재산을 빼내려 하며, 정부를 두고는 틈을 보아 남편을 죽이려 하오. 남편의 목숨을 억울하게 빼앗으려는 것이니, 이것이 도둑과 같은 아내요. 세상에는 이와 같은 일곱 종류의 아내가 있소.

그 가운데 먼저 든 다섯 종류의 착한 아내는 항상 그 이름을 널리 떨치고, 여러 사람들이 사랑하고 공경하며, 일가친척들이 함께 칭송하게 되오. 그리고 악독한 두 종류의 아내는 항상 비난을 받고 몸과 마음이 편치 못해 늘 앓게 되며, 눈을 감으면 악몽으로 두려워 떨며, 자주 횡액을 당하며, 죽은 뒤에는 삼악도에 떨어져 헤어날 기약이 없는 것이오."

부처님의 이와 같은 말씀을 듣고 옥야는 눈물을 흘리며 부처님 앞에서 자기 허물을 뉘우쳤다.

"제 마음이 어리석고 미련하여 아내로서 몽매한 짓을 했습니다. 이제부터는 지나간 잘못을 고쳐 교만을 부리지 않고 종과 같은 아내가 되어 시부모와 남편을 받들어 섬기겠습니다."

부처님은 옥야에게 말씀하셨다.

"사람 중에 어느 누가 허물이 없겠소. 고쳐서 새 사람이 된다면 그보다 더 좋은 일은 없을 것이오."

옥야는 이날부터 어진 아내가 되었다. 『옥야녀경』

92년 통계에 의하면, 노벨상 수상자 중 삼분의 일이 유태인이라고 합니다. 유태인들이 많은 노벨상을 탈 수 있었던 것은, 유태인들의 가정교육 덕분이고, 여기에는 어머니의 역할이 큽니다. 유태인들의 여성들은 결혼하기 전에 어머니 교육을 받는다고 합니다. 신혼가정 꾸미기, 요리 및 부부예절, 태교 및 육아법 등을 이수한다는 것입니다.

요즈음 우리나라에서도 여러 교육단체에서 어머니교실을 열어 육아방법을 가르치고 있고, 남자들은 남자들대로 좋은 아버지 모임을 가지는 등 가정 내의 갈등을 해결하고자 노력하고 있는 모습을 볼 수 있습니다. 그 모든 것이 진실로 큰 사랑으로 가는 길이니, 미래가 밝아 보입니다.

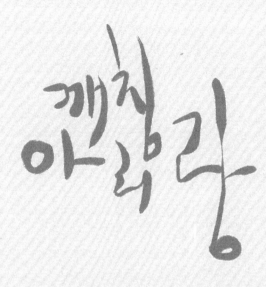

네 번째 마당

세 가지 그릇된 견해

인(因)이 연(緣)을 만나면 과(果)를 이룹니다. 좋은 씨앗(因)은 좋은 조건(緣)을 제공하여 좋은 과(果)가 맺도록 하고, 나쁜 씨앗(因)은 발아하지 못하게 하여야 합니다.

부처님께서 기원정사(祇園精舍)에 계실 때, 이와 같이 비구들에게 말씀하셨다.

"이 세상에서 세 가지 그릇된 견해를 가진 외도(外道)가 있는데, 슬기로운 사람들은 그것을 밝게 가려내어 추종하지 말아야 한다. 만약 그러한 견해를 따른다면, 이 세상의 모든 일은 부정하게 될 것이다. 그러면 세 가지 그릇된 견해란 어떤 것인가. 첫째, 어떤 사문이나 바라문은 '사람이 이 세상에서 경험하는 것은 괴롭든 즐겁든 모두 전생의 업에 의한 것이다.'라고 말한다. 둘째, 또 어떤 사람들은 '모든 것은 자재천(自在天)의 뜻에 의한 것이다.'라고 한다. 셋째, 혹은 인(因)도 없고 연(緣)도 없다고 말한다.

나는 언제나 무엇이나 전생의 업에 의한다고 주장하는 사람들을 찾아가, 그 의견이 틀림없다고 생각하느냐고 물었고, 그들은 그렇다고 대답했다. 그래서 나는 그러면 사람을 죽이거나 도둑질을 하거나 음행하고 거짓말하고 탐욕과 성냄과 삿된 소견을 갖는 것도 모두 전생에 지은 업에 불과할 것이다. 만약 그렇다면 이 일을 해서는 안

된다거나 이 일은 해야겠다는 의지도 노력도 소용없게 될 것이다. 따라서 '어떤 자재력도 없이 마음 내키는 대로 함부로 행동하는 사람을 정당한 사문 혹은 바라문이라고 하지 않겠는가.'하고 비판했었다.

또 모든 것은 자재천의 뜻에 의한 것이라고 주장하는 사람을 찾아가, '만약 당신들의 주장대로라면 살생하는 것도 자재천의 뜻에 의한 것일 게다. 그렇다면 이 일을 해서는 안 된다거나 이 일은 해야겠다는 의지도 노력도 소용없게 될 것이다. 따라서 어떤 자재력도 필요 없이 마음 내키는 대로 함부로 행동하는 사람을 정당한 사문 혹은 바라문이라고 하지 않겠는가.'하고 비판했었다.

그리고 인도 없고 연도 없다고 주장하는 사람들을 찾아가, '당신들의 주장대로라면 살생하는 것에도 인과 연이 없고, 그릇된 소견을 가진 것에도 인과 연이 없을 것이다. 이처럼 모든 것에 인연이 없다고 한다면, 이 일을 해서는 안 된다거나 이 일을 해야겠다는 의지도 노력도 소용없게 될 것이다. 따라서 어떤 자재력도 필요 없이 마음 내키는 대로 함부로 행동하는 사람을 정당한 사문 혹은 바라문이라 하지 않겠는가.'하고 비판했었다.

비구들이여, 이것이 그와 같은 의견을 가지고 주장하는 사문이나 바라문들에 대한 나의 비판이다. 만약 그들이 주장하는 대로 행동한다면, 이 세상의 모든 일은 부정되고 마침내는 커다란 혼란을 가져오게 될 것이다. 슬기로운 사람은 이와 같이 그릇된 소견을 잘 가려내어 버림받지 않도록 해야 할 것이다. 『중아함경』

부처님께서 말씀하신 그릇된 견해의 첫번째는, '이 세상에서 경험하는 것은 괴롭든 즐겁든 모두 전생의 업에 의한 것'이라는 생각입니다.

사문(沙門)은 불교도뿐만 아니라 다른 종교인들이 출가하여 수행하는 수행자를 총칭하는 말이요, 바라문은 힌두교에서 모든 의식을 주관하는 사제자(司祭者)를 말합니다. 부처님께서 계시던 당시 인도에서는 어떤 사문이나 바라문 중에는 지금 이 현세에 내게 일어나는 행운과 불행이 다 태어나기 전부터 이미 정해져서 태어난다고 생각하는 자들이 많았습니다.

우리나라 일본, 중국에서는 태어나는 순간의 사주팔자(四柱八字)가 운명을 결정짓는다고 믿는 운명론자들이 많습니다. 사주팔자란 무엇일까요? 사주(四柱)는 그 사람이 태어난 해(年), 달(月), 일(日), 시(時)의 간지(干支)로서, 두 자씩이므로 여덟 글자가 됩니다. 예를 들어 남자 1967년 양력 2월 16일 21시 30분에 태어난 사람을 만세력에서 찾아보면, ① 정미(丁未)년, ② 임인(壬寅)월, ③ 계축(癸丑)일, ④ 계해(癸亥)시라는 것을 알 수 있습니다. 이 여덟 글자에 모든 운명이 다 들어 있다고 생각하는 것입니다.

중국의 당나라 16대 선종(宣宗) 때 재상을 지낸 배휴(裴休)라는 사람의 이야기입니다. 재상이 되기 전에 홍주자사(洪州刺史)를 지내던 시절의 어느 날, 배휴는 홍주 용흥사(龍興寺)를 방문했습니다. 그가 조사전에 들러 벽에 걸려 있는 조사들의 초상화를 가리키며, "저것이 무엇이요?"하고 물으니, 안내하던 용흥사 주지스님이

110

대답했습니다. "고승의 상(像)입니다."

"형상인즉 볼 만하나, 고승은 어데 있소?"

스님이 머뭇거리며 대답을 못하니, 배휴가 묻습니다.

"이 절에는 선승(禪僧)이 없소?"

"근자에 한 객승이 와 있는데, 선승같이 보입니다."

배휴는 그 스님을 불러오라 했습니다. 유명한 황벽선사였습니다. 배휴가 다시 앞서와 같이 "형상인즉 볼 만하나, 고승은 어디 있소?"라고 물으니, 황벽선사는 그 즉시 큰 목소리로 "배휴!" 하고 불렀습니다. 배휴가 엉겁결에 "네!" 하고 대답하니 "어느 곳에 있는고?" 하는데, 배휴가 활연 계합하였습니다.

배휴는 그 자리에서 제자의 예를 드리고, 사가로 모시어 조석으로 불법을 묻고 법문을 들었습니다. 그 뒤 배휴는 황벽선사의 법어를 기록하여 『완릉록』(宛陵錄)과 『전심법요』를 완성했습니다. 배휴는 재가자로서 불법을 크게 깨달은 불제자입니다.

배휴에게는 쌍둥이 형제 배탁이 있었습니다. 그들의 어머니는 산통이 오랫동안 계속되고 아이를 낳지 못하자, 제왕절개로 두 아이를 꺼냈습니다. 꺼내고 보니 두 아이는 등이 붙어 있었습니다. 그러나 다행히 피부만 살짝 붙어 있어 칼로 분리하여 두 아이들은 살렸지만, 산모는 그 후유증으로 죽었습니다.

배휴의 집은 부잣집이었습니다. 쌍둥이가 태어나자 엄마가 죽고 몇 년이 지나지 않아 아버지마저 돌아가시게 되자 쌍둥이들은 고아가 되었습니다. 그래서 배휴는 첫째 작은아버지 집으로 가고, 배탁은 둘째 작은아버지 집으로 가서 살았습니다. 배휴가 아홉 살쯤 되던 어느 날, 사촌들과 마당에서 놀고 있는데, 탁발승이 대문 안으로 들어와 시주를 하라고 목탁을 치며 염불을 했습니다. 배휴는 목탁소리도 신기하고 염불소리도 신기해서 가까이 다가갔습니다. 그때 숙모가 바가지에 쌀을 가져와 스님의 바루대에 부어주는데, 탁발승은 배휴를 보면서 혼잣말로 "저 놈은 사촌까지 빌어먹게 생겼네." 하는 것이었습니다. 숙모가 깜짝 놀라서 "예, 뭐라고 하셨어요?" 하고 묻자, 스님은 고개를 절레절레 흔들면서 가버렸습니다.

　이 광경을 똑똑히 보고 들은 배휴는 슬프기 짝이 없었습니다. 자기들 쌍둥이가 태어나면서 어머니가 죽고, 이내 아버지도 병이 들어 병 치료비로 살림이 거덜 나고 아버지마저 죽게 되었으니, 모든 것이 자기 때문이라고 생각했습니다.

　'스님의 말대로 사촌까지 빌어먹게 된다면 삼촌인 작은아버지 집도 망하게 된다는 뜻이 된다. 나 때문에 작은아버지 집안까지 망하게 할 수는 없지 않은가? 나만 이 집을 나가면 된다. 사촌까지 빌어먹을 것이라 했으니 이 집 저 집 돌아다니면서 밥을 빌어먹어야겠구나.'

　이렇게 생각하고 작은아버지 집을 나왔습니다. 바가지를 들고 이 집 저 집에서 밥을 빌고, 다리 밑이나 바위굴 속, 빈집 헛간이나 남의 집 처마 밑에서 밤을 지냈습니다. 그러면서도 머릿속에서는 그 스님의 말이 떠나지 않았습니다. 슬픔과 우울한 마음으로 하루하루를 살아가고 있었습니다.

　그러던 어느 무더운 여름날, 점심때가 되어가 밥을 빌러

112

마을로 들어가던 그는, 물이 솟구쳐 넘쳐흐르는 용천수 샘에서 목을 축이고 세수를 한 다음 잠시 샘가 나무 그늘 밑에 쉬고 있었습니다. 한참 쉬고 있을 때, 옷을 곱게 차려입은 한 부인이 급한 걸음으로 다가오더니 목이 마른 듯 급히 물을 마시고 세수를 한 뒤, 지니고 있던 짐 보따리를 뒤져 수건을 꺼내어 얼굴을 닦고 나서는 황급히 그 자리를 떠났습니다.

부인이 떠난 뒤, 보따리를 놓았던 바위 아래에 조그마한 주머니가 떨어져 있었습니다. 꽤 묵직한 주머니였습니다. 호기심이 난 배휴는 주머니를 열어 보았습니다. 거기에는 금화가 가득 들어 있었습니다. 그만한 돈이면 평생 먹고 살아도 부족함이 없는 돈이었습니다. 배휴는 생각했습니다.

'사촌까지 빌어먹는다고 했는데, 이런 횡재가 나에게 생기다니, 내가 이를 취한다면 오히려 재앙이 닥쳐올 것이다. 무엇보다도, 이 큰돈을 잃어버린 그 부인은 얼마나 안타까워하겠는가? 아마 그 부인은 잃어버린 돈을 되찾기 위해 다시 이곳에 올 것이다. 하지만 이 자리에 그대로 놔두면 다른 사람이 발견하고 가져가 버릴 것이다.'

그래서 배휴는 그 부인이 올 때까지 자기가 가지고 있다가 전해주기로 작정하고, 샘가 나무 그늘 밑에 앉아 있었습니다. 점심때가 지났는데도 밥을 빌어먹지 못하여 배가 고픈데도 참고 기다리자, 그의 생각대로 몇 시간 후에 그 부인이 반 미친 사람처럼 나타나더니 샘가를 돌면서 허둥지둥 잃어버린 물건을 찾았습니다.

배휴가 부인에게 다가가서 무엇을 찾고 있느냐고 물었지만,

떨어진 옷에 바가지를 찬 거지 배휴를 보고 귀찮아할 뿐이었습니다. 거지 배휴가 돈주머니를 내놓자 부인은 눈이 휘둥그레지더니 얼른 주머니를 열어보았습니다. 금화가 그대로 있는 것을 보고 마음이 진정된 부인은 배휴를 보고 고마워하며, "집도 절도 없는가 보구나." 하면서 자기 집으로 같이 가자고 하였습니다. 그러자 배휴는, 자기는 사촌까지 빌어먹을 팔자이니 이렇게 거지로 살아야 한다며 거절을 했습니다. 부인은 배휴에게 마음이 바뀌면 아무 곳으로 누구를 찾아오라고 말해 주고는 바삐 그곳을 떠났습니다.

배휴는 거지로 살아가는 것이 자기의 운명이라고 믿고, 하루하루를 그저 어떻게 얻어먹고 어디에서 밤을 지낼까 외엔 아무런 다른 생각이 없었습니다. 이렇게 살아가던 어느 날, 그날도 마을에서 밥을 빌어 가지고 골목길을 걸어 나오다가 '사촌까지 빌어먹게 생겼다.'라고 말한 그 스님과 마주쳤습니다. 배휴는 그 스님과 대면하게 된 것이 싫었지만, 어쩔 수 없는 상황이었습니다. 배휴가 고개를 옆으로 돌리고 스님 옆을 지나치는데, 그 스님이 하는 말이 "꼬라지는 거지지만 재상감이네." 하는 것이었습니다. 이 말을 들은 배휴는 화가 났습니다. 어느 때는 사촌까지 빌어먹겠다고 해놓고, 지금에 와서는 재상감이라니 사람을 놀리는 것이 아닌가?

배휴는 화가 나서 스님께 대들었습니다. "스님, 아무 때 아무 데서는 저더러 사촌까지 빌어먹겠다고 해놓고 이제 와서는 재상감이라니요?"

114

스님은 배휴를 찬찬히 들여다보면서 기억을 더듬더니만, "맞다, 그때는 분명히 사촌까지 빌어먹게 생겼는데, 지금은 네 얼굴이 달라졌다. 분명 네가 좋은 일을 한 게 분명하다. 네가 재상이 되지 않으면 내가 발설지옥(상대방을 헐뜯은 중생들이 가게 되는 지옥으로, 이곳에서의 형벌은 중생의 혀를 길게 뽑은 뒤 크게 넓혀놓고 나서 그 혀에 나무를 심고 밭을 가는 것이다)에 떨어질 것이다." 하면서 배휴에게 무슨 일이 있었는지를 물었습니다.

배휴는 스님이 사촌까지 빌어먹겠다고 한 말을 듣고 집을 나와 거지생활을 하다가 어느 부인의 금화를 주웠는데, 그대로 돌려준 이야기를 하였습니다. 스님은 그런 좋은 일을 한 공덕으로 배휴의 얼굴 상호가 바뀌었다는 것이었습니다. 그때부터 배휴의 머릿속에는 '내가 재상이 된다.'라는 생각이 끊어지지 않았습니다.

'재상은 황제 다음의 자리인 일인지하만인지상(一人之下萬人之上)의 자리가 아닌가. 그런데 글 모르는 재상은 있을 수 없지 않은가. 글을 배워야지. 그러면 어디서 배워야지? 그래, 서당에 가면 되겠다.'

이런 생각을 한 배휴는 마을에 있는 서당에 가서 창문 너머로 몰래 훔쳐보면서 글을 익혔습니다. 그러자 배휴 또래의 학동들이 거지가 자꾸 창문 너머로 훔쳐보자, 밖으로 나와 배휴를 때리고 애지중지 여기는 바가지를 깨뜨리며 내쫓았습니다.

배휴는 너무도 서러웠습니다. 배고픈 설움보다 배우고 싶어도 배우지 못하는 자신의 신세가 더욱 처량하여 참기 어려웠습니다. 배휴는 자기를 찾아오라고 한 부인의 말이 생각났습니다.

그때 가르쳐준 고을 이름과 일러준 성함을 기억해내어 찾아갔습니다.

　그런데 그분은 그곳 고을의 원님이었습니다. 그 원님은 그 고을에 몇 년 동안 가뭄으로 흉년이 들어 백성들이 굶어죽어가자 국가의 곡식을 임의로 백성들에게 베풀었습니다. 긍휼미(矜恤米)를 풀어 백성들에게 나누어 주었다가 몇 해에 거쳐 거두어들이도록 해주십사 상부에 거듭 간청하였으나, 답이 없자 임의로 베풀었던 것입니다. 이것이 죄가 되어 원님은 감옥에 갇히게 되었고, 정해진 날까지 국가에 배상금을 바치지 않으면 사형을 당하게 될 처지가 되었습니다. 그러자 부인이 백방으로 돈을 구하려고 뛰어다니다가 마감일이 되어서야 간신히 지인으로부터 돈을 구하여 가지고 가던 중, 샘가에서 빠뜨린 것이었습니다.

　그 원님은 백성들의 진정으로 복직되었습니다. 배휴는 문지기가 지키고 있는 관아에 들어가려고 했지만 들어갈 수가 없었습니다. 언젠가는 그 부인이 관아 밖으로 외출할 때가 있을 거라고 믿고, 관문 앞 길가에서 며칠을 기다렸습니다. 며칠이 지나자 마침내 부인이 관문 밖으로 나오는 것이었습니다. 배휴가 부인 앞으로 뛰쳐나가자, 부인은 배휴를 보고 반가워하면서 관아로 데리고 들어갔습니다. 원님과 부인은 배휴를 양아들로 삼았습니다.

　원님에게는 배휴와 같은 동갑내기 아들이 있었습니다. 원님은 독선생을 청하여 두 애들을 가르치도록 했습니다. 하지만 원님의 아들은 놀기를 좋아하고 공부를 등한시하였습니다. 배휴는 '내가 재상이 된다.'라는 생각이 항상 머릿속에 내재되어 있어 열심히 공부를 했습니다. 사촌까지 빌어먹을 것이라는 생각에 사로잡혀 있을 때는 오직 먹고 자는 것밖에 다른 생각이 없었으나, 재상이 된다는 생각이 마음속에 깊이 자리 잡게 된 뒤로는 열심히 공부하여 과거시험에 합격하겠다는 생각뿐이었습니다.

삶의 방향은 긍정적으로 생각하느냐, 부정적으로 생각하느냐에 따라 바뀌게 됩니다. 인간의 시고방식은 습관의 지배를 받습니다. 부정적인 발상을 하는 사람은 끊임없이 부정적인 사고를 하고, 긍정적인 발상을 하는 사람은 계속 긍정적인 사고를 하게 됩니다. 긍정적인 사고와 부정적인 사고가 일정 기간 누적되면, 현격한 차이가 나타나게 됩니다.

"말이 씨가 된다."는 속담이 있습니다. 노랫말도 말이기 때문에, 어떤 노래를 부르느냐에 따라 운명이 달라집니다. 유명한 가수들이 자기가 부르는 가요의 노랫말에 따라 운명처럼 살다간 사람들이 적지 않습니다. 가수 김성재는 유작처럼 되어버린 곡, '마지막 노래를 들어줘!'라는 노래로 유명해지더니 돌연사를 했습니다. 가수 서지원의 마지막 앨범 중 '내 눈물 모아'라는 노래 중에 '하늘에 편지를 써…'라는 부정적인 가사가 등장하는데, 이로 인해 그는 부정적인 암시를 받아 자살을 했습니다.

신맛 나는 과일인 '레몬'이라는 말을 들으면 우리의 입에 침이 괴는 것처럼, 뇌는 신중한 해석자가 아닙니다. 무대에 올라 혼신을 다해 부르는 가수의 뇌 상태는, 가사가 주는 암시에 따라 알파파라는 좋은 상태의 뇌파가 나올 수도 있고, 베타파라는 나쁜 상태의 뇌파가 나올 수도 있어, 결국 노랫말대로 될 수밖에 없다고 봅니다.

송대관은 '쨍하고 해뜰 날'을 불러 좋은 기운을 받았고, 노사연은 '만남'이라는 노래를 부른 뒤에 연하의 남자를 만나 결혼하여 잘 살고 있습니다. 80년대 조용필의 '돌아와요, 부산항에'는 우리나라보다 일본에서 더 유명해졌고, 그 노래 때문에 재일동포들의 고국 방문이 부쩍 늘었습니다. 88 서울 올림픽 때 정수라가 부른 '아, 대한민국'은 국민들의 마음을 하나로 뭉치게 하여 서울 올림픽을 성공으로 이끌었습니다. 1989년 11월 10일 밤 9시 TV 뉴스에 의하면, 독일 국민들이 베를린 장벽을 쇠망치로 부수어 넘어뜨리면서 부른 노래는 그들의 민요나 국가가 아니라, 코리아나가 불렀던 88 서울 올림픽 주제가 '손에 손 잡고 벽을 넘어서'였다고 합니다.

어떤 내용이 담긴 노래를 부르냐에 따라 개인의 운명뿐만 아니라, 사회와 세계를 바꿀 수 있다고 봅니다. 선생님의 말 한마디는 학생의 진로를 바꾸고, 성직자의 말 한마디는 사람들의 운명을 바꾸고, 의사의 말 한마디는 환자를 죽이기도 하고 살리기도 합니다. 선생님, 성직자, 의사는 특히 말을 조심해야 합니다. 배휴는 다행히 부정적 사고에서 벗어나 긍정적 사고로 바뀌어 열심히 공부한 끝에 과거시험에 합격하였고 끝내 재상까지 지냈습니다.

배휴는 어느 날 생각했습니다. '정말 사람들은 사주팔자대로 살아가는 걸까? 그렇다면 한 날 한 시 일초도 틀림없이 태어난 형도 아니요 동생도 아닌 배탁은 어떻게 되었을까?'

배휴는 궁금하기도 하고 고향이 그립기도 해서 찾아가 보았습니다. 고향산천은 예나 다름없었으나, 마을 사람들은 많이 바뀌었고, 배탁의 소식을 물으니 일찍 집을 나간 뒤 소식을 모른다고 했습니다.

배휴 재상이 어느 여름날, 지방순회를 하다가 강을 건너게 되어 나룻배를 탔습니다. 윗옷을 벗은 채로 배를 젓는 뱃사공을 보니 등에 흉터가 있었고, 얼굴을 보니 고생하여 마른 데다 햇볕에 그을리어 까맸지만, 골격은 아무래도 자기를 닮은 것 같았습니다. 쌍둥이 형제 배탁이 틀림없었습니다.

배 재상이 사공에게 고향이 어디며 성씨는 무엇인지, 부친은 누구이며 형제는 있는지, 물었습니다. 고개를 숙이고 노만 저으며 건성으로 답하던 사공이 어떤 영감에 감응한 듯, 고개를 휙 돌려 배휴를 보았습니다. 그리고는 갑작스럽게 눈이 휘둥그레지더니 "휴로구나!" 소리를 질렀습니다.

쌍둥이 형제는 배 안에서 만났다가 헤어져 다시 배 안에서 만났습니다. '모든 사람들이 사주팔자대로 살아간다면, 한 날 한 시에 태어난 배탁이도 배휴와 같은 높은 벼슬을 해야 한다. 하지만 한 사람은 재상이요, 한 사람은 뱃사공이 아닌가?'

현세의 삶이 태어나기 전에 이미 정해졌다고 하면, 아무도 부지런히 일할 사람이 없습니다. 아무리 부지런히 일해도 빈한한 운명을 타고 났다면, 빈한하게 살 수밖에 없고, 놀고 지내도 부자로 살 운명이라면 부를 누리게 될 것이기 때문입니다. 또, 아무리 열심히 공부해서 입학시험이나 취직시험을 본다고 해도,

정해진 운명이라면 결과는 빤할 것이기 때문입니다. 하지만 자기의 운명은 자기가 개척해 나가야 합니다. 배휴, 배탁의 형제가 보여준 것처럼, 삶의 방향을 긍정적으로 생각하느냐, 부정적으로 생각하느냐에 따라 운명이 바뀌는 것입니다.

부처님께서 말씀하신 두 번째 잘못된 견해는, '모든 것은 자재천(自在天)의 뜻에 의한 것'이라는 생각입니다.

세계 여러 나라 여러 민족들은 저마다 자기 민족만의 수호신을 숭배하고 있습니다. 전지전능(全知全能)하고 절대적인 존재이며 죄를 심판하고 벌을 내리며 위협적이지만, 한편으로는 대자대비한 존재이면서 초월적인 존재인 분이 있어서, 그분이 인간의 수명과 행, 불행을 결정짓고, 비, 눈, 바람, 가뭄, 홍수 등 자연을 지배하며, 질병과 전쟁의 승패를 주관한다고 믿고 숭배하는 경우가 많습니다.

이집트인들은 '아몬 레', 그리스인들은 '제우스', 고대 로마인들은 '주피터', 유태인들은 '여호와', 아랍인들은 '알라', 일본인들은 '아마테라스 오미카미(天照大神)', 우리나라 사람들은 '하늘님' 즉 환인(桓因)으로, 환웅(桓雄)의 아버지요 단군(檀君)의 할아버지입니다. 현재 우리는 하늘님을 하느님으로 부르고 있는데, 하나님은 우리나라 기독교인들이 여호와를 절대자 한 분을 지칭하여 부르는 칭호입니다. 우리 민족의 신인 하느님과 기독교의 여호와인 하나님과는 다르다고 보아야 합니다.

중국인들은 그들의 천지창조 신을 반고(盤古)라고 합니다.

120

하늘과 땅이 아직 갈라지지 않았던 시절, 우주의 모습은 어둑한 한 덩어리의 혼돈으로 마치 큰 달걀과 같았습니다. 반고는 바로 이 달걀 속에서 태어나고 자라면서 1만8천 년을 지냈습니다. 어느 날, 반고가 잠에서 깨어나 눈을 떠보니 아무것도 보이지 않고, 보이는 것이라고는 온통 흐릿한 어둠뿐이었습니다. 답답하고 화가 난 그는, 어디서인지 큰 도끼를 하나 가지고 와서 눈앞의 어두운 혼돈을 향해 힘껏 휘둘렀습니다. 마침내 큰 달걀이 깨어져서 그 속에 있던 가볍고 맑은 기운은 점점 올라가 하늘이 되었고, 무겁고 탁한 기운은 가라앉아 땅이 되었습니다.

　　하늘과 땅이 갈라진 후, 반고는 그 하늘과 땅이 다시 붙을까 봐 걱정이 되어, 머리로는 하늘을 받치고 다리로는 땅을 누른 채 그 중간에 서서는 하늘과 땅의 변화에 따라 자신도 변화해 갔습니다. 하늘은 매일 한 길씩 높아지고 땅은 매일 한 길씩 낮아졌으며, 반고의 키도 역시 매일 한 길씩 자라났습니다. 이렇게 1만 8천 년이 지나자, 하늘은 끝없이 높아지고 땅은 아주 두터워졌으며, 반고는 하늘을 떠받치고 땅 위에 우뚝 서 있는 거인이 되었습니다.

　　뒤에 반고가 죽어갈 때, 그의 몸에는 갑자기 큰 변화가 일어났습니다. 반고의 입에서 새어나온 숨길은 바람과 구름이 되었고, 목소리는 우르릉거리는 천둥소리로 변했으며, 왼쪽 눈은 태양으로, 오른쪽 눈은 달로 변했습니다. 손과 발, 그리고 몸은 대지와 산이 되었고, 피는 강물이 되었으며, 핏줄은 길이 되었습니다. 살은 밭이 되었고, 머리카락과 수염은 하늘의 별로, 피부와 털은

화초와 나무로 변하였고, 이, 뼈, 골수 등은 금속과 단단한 돌로 변했다고 합니다.

반고 뒤에 나타난 삼황신(三皇神) 중에 여와씨(女媧氏)는 여신으로, 보통 자애로운 모신의 모습으로 나타나 인간을 창조했다고 합니다. 천지가 개벽한 이래, 대지에는 산과 냇물이 생겨났고, 새와 짐승들, 벌레까지 생겨났지만, 아직 사람은 없었습니다. 그리하여 세상은 여전히 황량하고 적막하였습니다.

여와는 생각 끝에 몸을 굽혀 땅에서 황토를 파내었습니다. 그리고 이것을 물과 섞어 둥글게 빚어 인형과 같은 작은 모양으로 인간을 만들었습니다. 이렇게 한 사람, 두 사람… 계속해서 만들어 나가다가 여와는 너무 지쳐서 더 이상 만들 수가 없었습니다. 그래서 여와는 덩굴 줄 하나를 구해다가 진흙탕 속에 넣고는 누런 진흙탕 물을 적셔서 땅을 향해 한바탕 휘둘렀습니다. 그러자 진흙물이 방울방울 떨어지고 떨어진 방울들이 모두 소리치며 즐겁게 뛰어노는 인간으로 변하였습니다. 이렇게 하여 얼마 되지 않아 대지는 인간으로 가득 차게 되었습니다.

인도에는 대부분의 사람들이 힌두교를 믿습니다. 힌두(Hindu)란 '악을 없애는 자', '바른 업을 지키는 자'라는 뜻입니다. 힌두교에는 많은 신이 있지만, 그 중 창조의 신 브라흐만, 유지의 신 비슈누, 파괴의 신 슈바, 이 세 신이 가장 중요한 신입니다.

창조의 신 브라흐만은 해, 달, 별, 바람, 구름, 산, 강, 나무, 사람, 짐승, 벌레 등 모든 것을 창조해 놓았고, 항상 백조를 타고 다닌다고 합니다.

유지의 신 비슈누는 창조물을 유지하기 위하여 항상 관리하며, 신조(神鳥)인 가루라를 타고 다니며 열 가지 몸을 나툰다고 합니다. 그 아홉 번째가 석가모니불, 열 번째가 미륵불이라고 하여, 불교를 그들의 종교인 힌두교 안으로 흡수해 버렸습니다. 불교뿐만 아니라, 그들 전통종교인 바라문교도 힌두교 안으로 흡수, 통합했습니다.

파괴의 신 슈바는 화산, 지진, 홍수, 가뭄, 태풍, 전쟁, 질병 등 인간이 감당하기 힘든 재앙으로 죽음과 파괴를 주관하며, 성우(聖牛)인 흰 소를 타고 다닌다고 합니다. 인도인들은 이 신을 가장 두려워하여 많은 신전을 짓고, 슈바 신의 상징인 링가(남근)를 모셔놓고 빕니다. 그리고 소 등 위에는 슈바 신이 계신다고 믿고, 소를 학대하지 않으며 소고기를 먹지 않습니다.

바라문들이 말하는 자재천(自在天)은, 불교에서는 욕계천의 꼭대기에 있는 타화자재천(他化自在天)입니다. 불교에서는 중생이 여섯 세계를 윤회한다고 믿습니다. 지옥, 아귀, 축생, 아수라, 인간, 천상입니다. 극락세계는 다시 태어남이 없는, 천상세계를 뛰어넘은 세계입니다. 천상계에도 28단계가 있으며, 타화자재천은 밑에서부터 위로 여섯 번째 천상계이며, 이곳이 바라문이 말하는 자재천이며, 힌두의 모든 신들은 이곳에 있습니다. 그래서 바라문들은 이곳 신들에 의하여 천지가 창조되었고, 유지되며, 파괴된다고 믿고 있습니다. 바라문들은 이곳 자재천의 신들의 뜻에 따라 길흉화복, 생로병사의 모든 행위가 이루어진다고 믿고 있습니다.

불교에서는 천지창조(天地創造)를 어떻게 보고 있을까요? 불교에서는 절대자에 의하여 천지가 창조되었다고 하지 않습니다. 해, 달, 별, 지구, 산, 강, 바람 등은 연기(緣起)에 의하여 성주괴공(成住壞空) 한다고 봅니다. 성주괴공은 성(成), 인연(因緣)에 의하여 이루어지고, 주(住), 어느 기간 동안 머물다가, 괴(壞), 연(緣)에 의하여 허물어지고, 공(空), 그 과(果)로 본연의 공(空)으로 돌아간다는 뜻입니다.

　　연기(緣起)란 이것(緣)에 의해 저것(起)이 일어난다는 뜻으로, 모든 현상은 무수한 원인(因)과 조건인 연(緣)이 서로 관계해서 성립되는 것으로서, 홀로 독립하여 존재하지 아니하며, 원인(因)과 조건인 연(緣)이 없어지면 결과도 저절로 없어진다는 것입니다.

　　불교에서 말하는 공(空)은 아무것도 없다는 뜻이 아닙니다. 공간(空間)과 시간(時間), 물질(物質)과 정신(精神), 기(氣)와 힘(力), 그리고 빛(光)과 색(色)이 녹아 하나되어 비어 있는 듯하기에 공(空)이라 일컬을 뿐입니다. 그래서 우주법계 일월성신(日月星辰) 삼라만상이 이 공(空)에서 나왔고, 다시 이 공(空)으로 돌아간다고 합니다. 우주 과학자들의 견해에 따르면, 하늘에 떠 있는 무수한 별들 중에는 지금 이 순간에도 사라지는 것이 있는가 하면 생성되는 것도 있습니다. 블랙홀 속에 들어가면 모든 것들이 사라지기도 하지만, 블랙홀을 통해서 새로운 은하계가 생성되기도 합니다. 우주는 고정되어 있지 않고 지금도 팽창하고 있습니다. 불교에서는 아무것도 영원불멸하는 것은 없다고 합니다. 언젠가는 해, 달, 별, 지구도 성주괴공의 연기법에 의하여 공(空)으로 돌아갈 것입니다.

　인간의 행운과 불행, 성공과 실패가 절대자에 의하여 결정된다면, 누구도 자발적으로 노력을 하지 않을 것입니다. 인간의 길흉화복, 생로병사가 다 절대자의 뜻에 의하여 이루어진다면, 길을 가다 넘어지는 것도, 교통사고를 당하거나 병이 들거나, 오래 살고 일찍 죽는 것도, 모두가 다 내 의지와는 상관이 없는 것이 되어버립니다. 부처님께서는 비구들에게 이런 삿된 견해에 빠지지 말라고 말씀하셨습니다.

　부처님께서 말씀하신 세 번째 잘못된 견해는, '인(因)도 없고 연(緣)도 없다.'는 생각입니다.

　인(因)은 씨앗이요, 연(緣)은 씨앗이 자랄 수 있는 조건, 밭, 햇볕, 물, 거름입니다. 선(善)의 씨앗이 부드러운 땅, 적당한 햇볕, 적당한 물, 적당한 거름이 주어진다면, 그 씨앗은 싹이 잘 터서 튼튼하게 잘 자라 많은 열매를 맺을 것입니다. 악의 씨앗이 잘 자랄 수 있는 조건의 땅, 햇볕, 물, 거름이 주어진다면, 악의 열매가 무성하게 열릴 것입니다.

　80년 전, 인도에서 있었던 일입니다. 한 영국군 장교가 총을 들고 사냥을 나갔다가 숲속에서 늑대의 무리 속에서 분명히 사람 같은 무엇인가를 보았습니다. 그 존재들은 늑대처럼 네 발로 기어서 늑대와 같이 굴 속으로 달아났습니다. 너무나 신기해서 여러 사람들을 동원하여 늑대 굴 주위에 그물을 친 다음 굴에다 연기를 피워서 생포해 보니 열두 살과 아홉 살 되는 여자아이였습니다.

그는 이 아이들에게 큰 애는 아마라, 작은 애는 가마라라고 이름을 지어 주었습니다. 두 아이들은 형상은 사람이지만, 행동은 늑대였습니다. 낮에는 잠을 자고 밤이면 일어나 활동을 하는 것은 물론이고, 늑대처럼 울어대며 날고기만 먹고 채소는 먹지 않으며, 사람을 보면 두려워했습니다. 겉모습만 사람이지 영락없는 늑대였습니다.

이 소식이 세계 여러 나라로 전해지자, 많은 학자들이 관심을 갖고 연구하게 되었습니다. 생태학자, 심리학자, 대뇌생리학자 등 여러 학자들이 연구, 분석하고 논문을 발표하였습니다. 하지만 확실한 공감을 주기에는 모두 부족하였습니다. 나는 불교적 입장에서 풀어보겠습니다.

이 여자애들은 어떻게 해서 늑대 굴에 들어가 살게 되었을까요? 인도에는 가난한 불가촉천민들이 많습니다. 집이 없는 그들은 길가나 으슥한 곳에서 거적때기 하나로 살면서, 길을 가는 행인들에게 구걸을 하며 하루하루를 연명했습니다. 사계절이 더운 나라이므로 가능한 일입니다.

숲속에 사는 어미 늑대가 새끼를 낳고 저녁때 사냥을 하려고 나왔다가, 길가에서 갓 태어난 아기를 발견하고는 입에 물고 굴로 돌아왔습니다. 배가 심하게 고프지 않은 상태인고로 천천히 잡아먹으려고 자신의 새끼들 옆에 뉘어 놓았습니다. 그런데 배가 고픈 갓난아기가 엄마젖을 찾다가 어미 늑대의 젖꼭지가 입에 물리자 쭉쭉 빤 것입니다. 어미 늑대는 갓난애가 자기의 젖꼭지를 빨자 강한 모정(母情)을 느꼈습니다. 그래서 잡아먹지 않고 젖을 먹여 키우게 된 것입니다. 모정은 모든 생명체를 길러내는 근본이 되는 자비입니다.

아마라와 가마라는 어째서 사람이면서 사람의 행동은 하지 않고 늑대의 행동을 하게 되었을까요?

불교의 유식사상(唯識思想)에 따르면, 우리 마음의 잠재의식인 아뢰야식에는 모든 행위와 사고가 비디오테이프처럼 녹화된다고 합니다. 이 녹화된 것을 업(業, 카르마)이라 합니다. 한 생을 다 살고 죽음을 맞이하여 육체를 떠날 때, 잠재의식인 아뢰야식에 녹화된 업은 소멸되지 않고 자성(自性)과 같이 길을 떠나, 다음 생의 생명체의 주체가 됩니다.

수많은 생을 윤회하면서 사람, 늑대, 소, 말, 돼지, 개 등 여러 형태의 삶을 살면서 그 생에 지었던 업이 현재의 생명체 마음의 잠재의식인 아뢰야식에 녹화되어 있습니다. 잠재의식인 아뢰야식에는 선, 악, 윤리, 도덕, 기술, 학문, 예술, 습관 등 이루 말할 수 없는 정보가 저장되어 있습니다. 우리는 명상에 몰입함으로써 이 정보를 꺼내어 쓸 수가 있습니다.

아마라와 가마라도 지옥, 아귀, 축생, 아수라, 인간, 천상을 오가며 태어나다가 죽는 윤회를 거듭 반복했기 때문에 잠재의식 속에 무한한 업이 내재되어 있었을 것입니다. 사람과 늑대가 겉모양은 다르지만, 내재되어 있는 근본 마음자리는 같습니다. 늑대의 잠재의식 속에도 부처님과 같은 자비의 인(因)이 내재되어 있고, 사람의 잠재의식 속에도 늑대와 같은 관습의 인(因)이 내재되어 있습니다.

아마라와 가마라가 늑대 굴에서 늑대와 같이 자라게 됨으로써, 인간의 관습은 발아하지 못하고, 잠재의식 속에 내재된 늑대의 관습이 발아하여 늑대화된 것입니다. 순자(荀子)는 인간의 성품은 본래 악하나, 교육과 수행으로 선하게 될 수 있다는 성악설(性惡說)을 주장했습니다. 맹자는 인간의 성품은 본래 선하지만 악한 환경에 처하면 악하게 된다는 성선설(性善說)을 주장했습니다. 불교에서는 모든 중생들의 본성품은 공(空)하지만, 윤회를 거듭하면서 여러 업이 쌓여서 환경에 따라 쌓인 업이 인(因)되어 다양한 업을 짓게 된다고 합니다.

의천 대각국사는 고려 11대 문종의 넷째 아들로 태어나 11세에 불가에 출가하여 승려가 된 뒤 47세에 입적하였습니다. 일찍이 중국 송나라로 건너가 천태종에서 수행을 한 후 고려로 돌아와 고려 천태종 중흥조가 되었습니다. 그는 태어날 때부터 왼손을 꼭 쥔 채 펴지 않았으며, 하루 종일 울음을 그치지 않다가 사찰에서 행하는 조석 예불 시와 낮 사시 불공 때에만 울음을 멈추었습니다. 그런데 이상한 일은 그것뿐만이 아니었습니다. 왕자가 태어난 뒤 이 세 때에 서쪽 어느 절에선가 목탁소리가 들리는 것이었습니다. 목탁소리가 들리면 왕자는 그쪽을 향하여 손을 모아 기도하는 듯하다가 목탁소리가 들리지 않으면 다시 우는 것이었습니다.

128

아버지 문종은 목탁 치는 스님과 왕자와의 사이에 뭔가 사연이 있을 것 같아서, 신하들을 시켜 목탁 치는 스님을 모셔오게 했습니다. 신하들이 개경에서 서쪽에 있는 사찰들을 더듬어 서쪽으로 서쪽으로 가보니, 목탁소리는 서해 건너 중국에서 들려오고 있었습니다. 문종은 바다 건너 중국에 건너가서라도 목탁 치는 스님을 모셔오도록 하였습니다. 중국 송나라까지 건너간 신하들은 목탁소리를 추적하여 어느 산골 작은 암자에 이르렀습니다.

암자에는 젊은 스님이 관세음보살 기도를 하면서 목탁을 치고 있었습니다. 고려에서 온 신하들이 이곳에 오게 된 사연을 이야기하자, 젊은 스님은 흔쾌히 고려국에 왔습니다. 스님은 왕자에게 큰절을 하고는 왕자의 펴지 못하는 왼손을 어루만지며 "스님, 이제 노여움을 푸시지요?" 하고 말했습니다. 그러자 놀라운 일이 벌어졌습니다. 왕자가 주먹 쥔 손을 펴는데, 손에 불무영(佛無靈)이란 세 글자가 써졌다가 사르르 사라지는 것이었습니다. 이것을 본 왕과 왕비, 신하 들은 여기에 숨겨진 사연이 궁금하여 스님에게 물으니, 스님이 천천히 입을 열었습니다.

그 젊은 스님은 어려서 양친 부모가 돌아가셔서 의지할 데가 없어 시장을 돌아다니며 밥을 얻어먹고 지냈다고 했습니다. 그러던 어느 날, 한 스님을 만났습니다. 그 스님이 자기를 따라 절에 가면 밥도 먹여주고 옷도 주고 잠도 재워준다기에, 그 스님을 따라 절에 가서 살게 되었습니다. 그 스님은 늘 법화경을 독송하며 관세음보살 기도를 삼십여 년 열심히 하였는데, 어느 날 갑자기 눈이 멀어 장님이 되더니만, 3년 뒤에는 그만 앉은뱅이가 되어 일어서지 못하였습니다. 그래도 스님은 더욱 열심히 법화경을 암송하시며 관세음보살 기도를 하셨습니다.

그때 그 젊은 스님이 은사 스님께 모진 말을 했답니다. "법화경을 읽어서 뭐하며, 관세음보살 기도는 뭣 때문에 합니까? 눈 먼 봉사가 되고 앉은뱅이가 되었는데! 스님만 돌아가시면 이 암자 불살라 버리고 떠날 겁니다."

은사 스님은 그래도 불쌍한 당신을 위하여 자신이 죽으면 100일 동안이라도 관세음보살 기도를 해주고 떠나라고 간절히 부탁했습니다. 앉은뱅이가 된 지 3년이 되던 날, 천둥벼락이 치더니 은사 스님이 벼락을 맞아 죽었습니다. 젊은 스님은 하도 기가 막혀서 은사 스님의 왼 손바닥에 불무영(佛無靈, '부처가 영험이 없다'는 뜻)이라고 쓴 다음 화장을 했습니다.

은사 스님의 간절한 유언이 있었기에 49재도 지내고 백일 관세음보살 기도를 끝맺는 날, 새벽기도를 하던 중 졸다가 법당 바닥에 꺼꾸러져 잠이 들었는데, 꿈속에 은사 스님이 나타나서 말했습니다.

"나는 전전생에 죄를 많이 지어 삼생 동안 장님 과보를 받아야 했지만, 법화경을 독송하고 관세음보살 기도 공덕으로 과보를 벗게 되었다. 하지만 삼생을 앉은뱅이 과보를 받아야 했는데, 이번 생에 그 과보를 벗었다. 또 한 생을 벼락 맞을 과보가 있었지만, 이젠 그 모든 과보를 벗게 되었다. 법화경을 읽고 관세음보살 기도를 열심히 한 공덕으로 나는 고려국 왕자로 태어나게 되었다."

스님은 꿈을 깬 뒤에야 부처님의 가피력을 믿게 되었고,

은사 스님이 살아생전에 하시던 것과 똑같이 법화경을 독송하며 관세음보살 기도를 하고 있다고 했습니다.

인(因)이 연(緣)을 만나면 과(果)를 이룹니다. 좋은 씨앗(因)은 좋은 조건(緣)을 제공하여 좋은 과(果)가 맺도록 하고, 나쁜 씨앗(因)은 발아하지 못하게 하여야 합니다. 인(因)도 없고 연(緣)도 없다고 한다면, 살생, 음행, 도둑질, 거짓말을 해도 과(果)가 없게 되니, 사람들은 아무렇게나 행동하여 세상에 커다란 혼란을 가져오게 될 것입니다. 그래서 부처님께서는 인(因)도 없고 연(緣)도 없다고 말하지 말라 하셨습니다.

악한 사람도 복을 받는다.
그 악의 열매가 익기 전에는
선한 사람도 화를 당한다.
그 선의 열매가 익기 전에는
두 씨앗 마침내 싹을 내나니,
아! 거짓 없는 심고 거둠이여.
『아함경』

다섯 번째 마당

억울함을 당해도 밝히려고 하지 마라

바로 그 순간, 한 생각이 번갯불처럼 스쳐가면서 온몸에 전율이
흐르며 '일체유심조'의 의심이 깨지면서 확철대오 하였습니다.
깨닫고 보니, 시방세계가 한 마음으로 이루어졌고, 세상사 모두
가 화엄경 도리가 아닌 것이 없었습니다.

억울함을 당해도 밝히려고 하지 마라. 억울함을 밝히면 원망하는 마음을 돕게 되나니 그래서 성현이 말씀하시되 억울함을 당하는 것으로 수행하는 문을 삼으라 하셨느니라.

『보왕삼매론』

잘못이 없는데도 억울하게 누명을 쓰는 일이 생기면, 누구나 그 누명을 벗으려고 여러 가지 시도를 합니다. 하지만 그럴수록 더욱 더 올가미가 조여지는 일이 적지 않습니다. 참으로 떳떳하다면 말없이 묵묵히 때를 기대하는 것이, 진정한 승자의 태도가 아닐까요? 그래서 승자와 패자는 같은 상황에서도 이렇게 달리 말합니다.

승자는 실수했을 때 '내가 잘못했다'라고 말합니다.
패자는 실수했을 때 '너 때문에 이렇게 되었다'고 말합니다.
승자의 입에는 솔직함이 가득 찹니다.
패자의 입에는 핑계가 가득 찹니다.

134

승자는 '예'와 '아니오'를 분명히 말하고
패자는 '예'와 '아니오'를 적당히 말합니다.

승자는 어린아이에게도 사과할 수 있고
패자는 노인에게도 고개를 못 숙입니다.

승자는 넘어지면 일어나 앞을 보고
패자는 넘어지면 일어나 뒤를 봅니다.

승자는 패자보다 더 열심히 일하지만 여유가 있고
패자는 게으르지만 늘 '바쁘다'고 말합니다.

승자의 하루는 25시간이고
패자의 하루는 23시간밖에 안 됩니다.

승자는 열심히 일하고 열심히 놀고 편하게 쉽니다.
패자는 허겁지겁 일하고 빈둥빈둥 놀고 흐지부지 쉽니다.

승자는 시간을 관리하며 살고
패자는 시간에 끌려 삽니다.

승자는 시간을 붙잡고 달리며
패자는 시간에 쫓겨서 달립니다.

승자는 지는 것도 두려워하지 않습니다.
패자는 이기는 것도 은근히 염려합니다.

승자는 과정을 소중히 생각하지만
패자는 결과에만 매달려 삽니다.

승자는 순간마다 성취의 만족을 경험하고
패자는 영원히 성취감을 맛보지 못합니다.

승자는 구름 위의 태양을 보고
패자는 구름 속의 비를 봅니다.

승자는 넘어지면 일어서는 쾌감을 알고
패자는 넘어지면 재수를 한탄합니다.

1950년대의 초등학교 도덕책에는 이런 내용의 우화가 실려 있었습니다.

옛날 한 선비가 길을 가다가 날이 저물어 하룻밤을 쉬어 갈 만한 집을 찾아 마을로 들어섰습니다. 마침 커다란 기와집이 눈에 들어와, '저 집에 가면 하룻밤을 재워 주겠지' 하고는 대문 안으로 들어가 주인에게 길손인데 하룻밤만 신세를 지자고 간청했습니다. 그러자 주인은 매정하게 거절을 했습니다. 헛간이라도 좋으니 하룻밤만 쉬어가게 해달라고 간곡히 부탁하자, 주인은 마지못해 문도 달려 있지 않는, 볏짚이 깔린 헛간을 내주었습니다.

해가 저물어 가는데, 마당에서 햇볕에 반짝반짝 빛나는 것이 선비의 눈에 들어왔습니다. 그런데 마당에서 놀고 있던 커다란 거위가 그 반짝이는 것을 입으로 쪼더니만 삼켜 버렸습니다. 밤이 깊어져서 잠을 청하려고 하는데, 주인집 안방에서는 한바탕 소란이 일어났습니다.

안주인이 보석 노리개가 없어졌다고 아우성을 쳤습니다. 이곳저곳을 찾아도 찾지 못하자, 안주인은 바깥주인에게 아마도 오늘 헛간에 와 있는 객이 수상하다고 했습니다. 그러자 주인은 머슴과 함께 선비의 몸과 짐을 샅샅이 뒤졌습니다. 아무리 뒤져도 나오지 않자 주인은 어디에다 감추었느냐고, 어서 보석을 내놓으라고 마구 윽박질렀습니다. 선비는 아무 말을 하지 않고 묵묵히 온갖 모욕을 참아냈습니다.

주인은 선비가 보석을 훔친 범인인 것이 분명하니 내일 관아로 끌고 갈 수 있도록 선비를 꽁꽁 묶으라고 머슴들에게 명령을 내렸습니다. 그러자 선비는 큰 거위 한 마리를 가리키면서, 자기만 묶지 말고 저 거위도 묶어서 옆에 두어달라고 부탁했습니다. 주인은 그렇게 했습니다. 아침이 되자 거위가 똥을 누웠는데, 그 똥 속에 보석 노리개가 있었습니다.

주인은 거위 똥 속에 있는 보석 노리개를 보고는 겸연쩍어 하면서 말했습니다. "왜 어제는 거위가 보석을 삼킨 것을 보았다고 말하지 않았소? 당신만 밤새도록 이 고생을 한 것이아니오?"

그러자 선비가 말했습니다. "어제 말했더라면 저 거위가 지금 이렇게 살아 있겠습니까?"

거위의 생명을 살리기 위해 밤새도록 고통을 참아낸 선비의 갸륵한 마음씨는 당시의 학생들에게 큰 감동을 안겨주었습니다. 하지만 요즈음의 초등학생들에게 이 이야기를 들려주면 씁쓸히 웃고 맙니다. 바보 천치 아니에요? 왜 억울한 누명을 쓰고 그

고통을 겪어야 하는 거죠? 그까짓 거위가 죽고 사는 것이 나와
무슨 상관이 있죠? 그렇게들 말하지 않을까요?

60여 년 전, 초등학교 졸업식 때 부르던 졸업가입니다.

잘 있거라 아우들아 정든 교실아
선생님 저희들은 물러갑니다.
부지런히 더 배우고 얼른 자라서
새 나라의 새 일꾼이 되겠습니다.

노래를 부르며 울음바다가 되었던 그 시절. 하지만 지금은
그런 모습을 볼 수 없습니다. 왜 이렇게 감정이 메말라 버렸을까요?
　우리나라에 원효대사(元曉大師)가 있다면, 일본에는 홍법대
사(弘法大師)가 있습니다. 원효대사는 무애행(無碍行)을 하면서
중생들을 깨우쳐 주었지만, 애초에는 계율을 철저히 지키는 율사
였습니다. 스님들이 초심자 시절에 배우는 『초발심자경문』(初發
心自警文) 중 발심장은 원효대사가 초년에 지은 글입니다. 발심장
에는 '갈 지(之)' 자가 한 글자도 없습니다. '갈 지(之)' 자는 술
마시고 비틀거리는 모양이라 불경스럽다고 쓰지 않은 것입니다.
이렇게 계율을 철저히 지키던 그가, 요석공주와 잠자리를 하여
설총을 낳은 것에서 볼 수 있듯이, 무애승(無碍僧)이 된 동기가
있습니다.
　그는 화엄경을 읽다가 화엄경 사구게(四句偈)에 의심이 일었
습니다. '약인욕요지(若人欲了知) 삼세일체불(三世一切佛) 응관

법계성(應觀法界性) 일체유심조(一切唯心造)', '삼세의 모든 부처님을 알고자 하는가? 법계성 모두가 오직 마음으로 지어졌음을 알라.' 이 중 '일체유심조'(一切唯心造), 즉 '모두가 오직 마음으로 지어졌다.'라는 문구가 이해되지 않고 의심이 생겨 가슴을 짓눌렀습니다.

내 마음대로 되는 것은 아무것도 없는데, 왜 법계의 모든 것이 마음을 내면 다 이루어진다고 부처님은 말하셨을까? 의심이 자꾸만 커져 가슴을 짓눌렀습니다. 어째서 부처님은 '일체유심조'라고 했을까? 화두가 되어 생각, 생각, 의심으로 마음이 답답해지자, 이 문제의 답을 얻기 위해 당나라로 건너가기로 했습니다. 그리하여 원효는 화엄경에 눈 밝은 선지식을 찾아 의상대사와 함께 길을 떠났습니다.

처음에는 육로로 요동성까지 갔다가 고구려 순찰병에게 붙들리는 바람에 신라 간첩으로 오인 받아 몇 년 동안 감금을 당했다가 풀려났습니다. 그 후 십일 년 후에 다시 의상대사와 같이 바닷길로 가기 위해 당진 근방에 이르렀습니다. 날이 저물자 잠잘 곳을 찾던 중, 외딴 산골짜기 무덤가에 조그마한 움막이 있어 하룻밤을 자게 되었습니다.

원효가 잠을 자다가 목이 말라 밖으로 나오니 달이 휘영청 밝았습니다. 그는 개울가 샘에서 달게 물을 마셨습니다. 다음 날 날이 밝자 원효는 다시 물을 마시려고 개울가에 와서 샘을 들여다보았습니다. 그런데 웬일입니까. 샘 속에 사람의 해골이 보였습니다. 자신도 모르게 간밤에 마셨던 물이 생각나 '왁!'

하고 구토가 나오려고 하는 바로 그 순간이었습니다. 한 생각이 번갯불처럼 스쳐가면서, 온몸에 전율이 흐르며 '일체유심조'의 의심이 깨지면서 확철대오 하였습니다. 깨닫고 보니, 시방세계가 한 마음으로 이루어졌고, 세상사 모두가 화엄경 도리가 아닌 것이 없었습니다. 그는 덩실덩실 춤을 추면서 '마음이 나면 법이 나고 마음이 멸하면 법이 멸한다'라고 하였습니다.

더 이상 화엄경을 배울 필요가 없다고 생각한 그는 서라벌로 되돌아왔습니다. 그러나 원효대사의 말을 이해하지 못한 의상대사는 당나라로 건너갔습니다. 원효대사는 이때부터 어디에도 걸림이 없는 무애도인(無碍道人)이 되었습니다. 원효대사는 많은 책을 저술하였습니다. 대략 99부 240여 권에 달하는 책을 지었는데, 지금까지 전해 내려오는 책은 『법화경종요』(法華經宗要), 『열반경종요』(涅槃經宗要), 『범망경보살계본사기』(梵網經菩薩 戒本私記), 『대승기신론소』(大乘起信論疏) 등 20부 23권이 있습니다.

일본의 홍법대사는 원효대사보다 157년 뒤에 태어나 20세에 출가하여 승려가 되었으며, 30세에 당나라로 건너가 여러 선지식을 만나 불법을 배운 뒤 일본으로 돌아가 일본 진언종을 열었으며, 62세에 고야산(高野山)에서 입적하셨습니다. 저서로는 『십주심론』(十住心論), 『비장보약』(祕藏寶鑰) 등 100여 부가 있습니다.

고야산에 계실 때, 매달 열렸던 법회에는 승려들과 신도들이 구름처럼 모였습니다. 신심이 돈독한 신도 중에는 그 고을의 장원(莊園)을 소유하고 다스리는 수령도 있었습니다. 그는 신심이 돈독하여 아직 시집 안 간 다 큰 무남독녀 외동딸을 데리고 법회에 빠짐없이 참석했습니다. 그의 딸도 불심이 돈독하여 부처님 전에 열심히 기도하면서, 홍법 스님을 존경하여 늘 가까이에서 시봉을 들었습니다. 홍법 스님도 그녀를 귀여워했습니다. 거사는 자주 홍법대사를 집으로 초대하여 공양을 올리고 법문을 들었습니다.

그러던 어느 날, 거사의 딸이 며칠 동안 아버지께 문안 인사도 없더니, 홍법대사가 집에 초대되어 법회를 열어도 보이지 않았습니다. 그러자 거사는 딸이 병이 나지 않았는지 걱정이 되어 방으로 찾아가보니, 방안에서 괴로워하는 신음소리가 들렸습니다. 방문을 열어보니 딸아이가 애를 낳고 있었습니다.

놀란 거사는 밖으로 뛰어나와 마음을 진정하려고 애를 썼지만, 화가 나서 참을 수가 없었습니다. 한없이 착하고 순진하고 정숙한 딸로만 생각했는데, 어떤 놈과 붙어 먹었는지 아이까지 낳다니, 도저히 용서할 수 없었습니다. 화가 머리끝까지 난 거사는, 가문의 명예를 더럽힌 죄를 용서할 수 없다고 생각하고는 칼을 빼들고 딸아이의 목을 겨누었습니다.

"네 요년! 어떤 놈의 애냐? 바른 대로 말해라!"

딸애는 고함을 치며 노여워하는 아버지의 무서운 얼굴에 새파랗게 질려 부들부들 떨면서, 혼자 중얼거리듯이 "홍법대사"라고 말했습니다.

이 말을 듣는 순간, 거사는 천지가 캄캄해졌습니다. 배신감과 분노와 절망감에 몸을 떨면서, 손에 힘이 빠져 칼을 떨구고 말았습니다. 생불처럼 존경하는 스님이 이런 짓을 했다니 믿을 수가 없었습니다. 어떤 스님보다 계율청정한 척하며 훌륭한 말만 늘어놓던 스님이 철없는 어린 내 딸을 범하여 애를 낳게 하다니, 도저히 참을 수가 없었습니다. 거사는 갓난애를 포대에 싸서 들고는 홍법대사에게로 달려갔습니다. 그리고는 대사 앞에 갓난애를 팽개치다시피 던지면서, "개가 코끼리 가죽을 쓴 중아, 내 딸을 범하여 애를 배게 해? 지옥에나 떨어져라!" 소리를 질렀습니다. 그리고는 대중 스님들에게 이 사실을 알렸습니다.

이 말을 들은 수백 명의 대중스님들은 황당해 하였으며, 믿으려고 하지 않았지만, 이 고을 장원의 수령이 하는 말인 데다 눈앞에 엄연히 갓난애가 있으니 믿지 않을 수가 없었습니다. 대중스님들은 지금까지 거짓 선지식에게 속았다고 분개했습니다. 그리고는 홍법 스님의 승복을 벗기고 속복을 입혀서 갓난애를 들려 절 밖으로 쫓아버렸습니다. 홍법 스님은 한마디 변명도 없이 묵묵히 고개를 숙이고, 애를 안고 절을 떠났습니다.

스님은 애를 안고 아낙네들이 많이 모여 있는 동네 우물가나 빨래터를 다니면서 동냥젖을 먹였습니다. 아낙네들은 산모가 애를 낳다가 죽은 것으로 생각하여 안타깝게 여기고 젖을 먹여 주었습니다. 이렇게 젖동냥을 하면서 고야산에서 멀리 떨어진 깊은 산골 마을에 이르렀습니다. 애에게 젖먹일 엄마를 찾는데, 한 젊고 가슴 큰 애 엄마가 있어서 염치 보지 않고 다가가서, 애를 키워주기만 한다면 다른 보수는 일절 받지 않고 머슴을 살겠다고 했습니다.

　애 엄마는 논밭이 많아 일손이 부족한 데다 젖이 많아 남아돌아가는 터여서 흔쾌히 허락을 했습니다. 농사일이나 나무하는 일을 해보지 않은 스님은 힘이 들었으나, 주인이 시키는 대로 열심히 일을 하여, 주인이 좋아했으며, 어린애도 건강하게 잘 자랐습니다. 이렇게 몇 해가 지났습니다.

　어린애 외할아버지인 거사는 홍법 스님에 대한 실망으로 불교를 멀리 하여 사찰을 찾지 않았습니다. 그러던 어느 날 외동딸이 아버지 앞에 엎드려 울면서, 죽을 죄를 지었으니 제발 자신을 죽여 달라고 애원했습니다. 그러자 아버지가 말했습니다.

　"어찌 네 잘못뿐이겠느냐? 홍법이라는 늑대 같은 중이 철없는 너를 욕보인 것이니, 그자의 잘못이지 않느냐?"

　그러자 딸이 말했습니다. "사실을 말씀드리자면, 애 아비는 홍법대사가 아니라, 이웃 장원의 수령 아들입니다. 하지만 그때에는 바른 대로 말을 하면 대대로 내려오는 원수 집안끼리 또 다시 전쟁이 일어날까 두려웠고, 아버지의 무서운 얼굴에 어찌할 바를 몰라, 제발 날 좀 구원해 달라는 뜻에서 속으로 홍법대사를 불렀습니다. 그런데 그만 입 밖으로 '홍법대사'라는 말이 새어나온 것입니다. 이제는 홍법대사의 억울한 누명을 벗겨 주십시오. 그런 다음 저를 죽여 주세요."

　거사는 세상이 뒤집히는 것 같았습니다. 그는 두 번 다시 경솔한 결단을 저지르지 않기 위하여, 딸아이를 향해 원수의 아들을 만나게 된 동기와 아이를 갖게 된 경위를 차근차근 물었습니다.

중국은 제후국이 황제국을 받들고, 일본은 장원제도가 있어서 장원의 수령들이 왕을 섬깁니다. 외동딸을 가진 거사는 이웃 장원과 여러 대에 거쳐 원수지간이었습니다. 그러나 이웃 장원의 수령도 불교를 믿는 불자로서 홍법대사를 존경하여 큰 법회 때는 종종 아들을 데리고 참석하였습니다. 아버지를 따라 법회에 참석하게 된 두 남녀가 만나 사랑을 하게 된 것입니다. 두 남녀는 부모들 몰래 약속 장소를 정해놓고 자주 만나 사랑을 키웠습니다. 그러다가 넘어서는 안 될 선을 넘어 애까지 갖게 되었습니다.

딸의 이야기를 끝까지 들은 아버지는, 홍법대사에 대한 죄송함에 어찌할 바를 몰라 했습니다. 그렇게 모욕을 당하면서도 한 마디 변명도 없이, 이유도 묻지 않고, 강제로 승복을 벗고 속복을 입고 머리에 수건을 쓴 채, 갓난애를 안고 묵묵히 떠나던 홍법대사의 뒷모습이 눈앞에 선했습니다.

그동안 애를 키우느라 얼마나 고생을 했을까 생각하니, 잠시라도 체면 때문에 머뭇거릴 일이 아니었습니다. 본인의 경솔함으로 저지른 잘못에 대해서는 어떤 대가도 받을 각오를 다졌습니다. 거사는 딸을 데리고 절을 찾아가 주지스님께 자초지종을 말하고, 대중스님께 참회하며 용서를 빌었습니다.

대중스님들은 훌륭한 선지식을 몰라보고 모욕적인 언행과 함께 속복을 입혀 내쫓아냈던 자신들의 행위를 크게 뉘우쳤습니다. 그리고는 지금 어디선가 갖은 고생을 하고 계실 홍법대사를 하루빨리 찾아 모셔 와야 한다고 생각했습니다. 그리하여 전

대중스님들이 방방곡곡으로 흩어져 대사를 찾아나섰습니다. 그러나 일 년이 넘도록 찾을 수가 없었습니다.

그러던 중 한 스님이 탁발승으로 가장하여 고을고을 집집에 들어가 탁발하는 척 집안을 살피고 다니기 시작했습니다. 마을 사람들이 많이 모이는 사랑방을 찾아다니면서, 타향에서 온 사십 대 후반의, 어린아이를 키우는 홀아비가 있는지를 묻고 다녔습니다. 그러다가 어느 깊은 산골 마을에서 그런 사람이 있다는 기쁜 정보를 듣고 살피던 중, 나뭇짐을 지고 가는 사내를 보니 틀림없는 홍법대사였습니다. 뒤를 밟아 대사가 들어간 집을 알아낸 그 스님은, 절로 돌아와 주지스님께 그 사실을 알렸습니다.

주지스님과 거사는 마침내 홍법대사를 찾아내어 만날 수 있었습니다. 그들은 거사의 딸이 아이를 낳게 된 사연과, 거짓말로 인하여 대사님께 누명을 쓰게 한 정황을 자세히 말하고, 참회를 하며 용서를 빌었습니다. 그리고는 홍법대사에게 절로 돌아가 많은 중생들을 제도해 주십사, 간청했습니다.

대사는 모든 사연을 자세히 듣고 말씀하기를, "남자애의 부모와 여자애의 부모가 나에게 와서, 내 앞에서 두 집안의 해묵은 원한관계를 풀고 화해를 할 것이며, 그렇게 하지 않는다면 이대로 산골마을에서 살겠노라."고 하였습니다.

사연을 전해들은 아이 아버지의 부모들도 홍법대사의 높은 덕망에 감사하고, 동의했습니다. 그리하여 여러 대를 거쳐 원한을 쌓아가던 두 집안은 화해를 했으며, 두 남녀는 많은 사람들의 축복 속에 결혼을 했습니다.

홍법대사가 자신의 억울함을 참지 못하고 그 자리에서 진실을 밝히려 했다면, 두 집안은 전쟁을 일으켰을 것이고, 많은 사람들이 목숨을 잃었을 것입니다. 억울함을 당해서도 진실을 밝히려고 하지 않았던 것은, 억울함을 면하려고 진실을 밝힌다면 오히려 원망하는 마음을 키울 것임을 너무나 잘 알고 있었기 때문이었습니다. 억울함을 당하는 것으로 수행의 문을 삼으신 홍법대사야말로 인욕보살(忍辱菩薩)이었습니다. 그래서 천년이 지난 지금도 일본인들은 대사를 부처님처럼 존경합니다.

홍법대사를 생각하면 마음이 숙연해집니다. 그리고 내 삶을 뒤돌아보게 되고, 뇌성마비 시인 김준엽의 "내 인생에 황혼이 들면"이 생각납니다.

내 인생에 황혼이 들면

내 인생에 황혼이 들면
나는 나에게 많은 날들을 지내오면서
사람들을 사랑했느냐고 물어 보겠지요.

그러면 그때 가벼운 마음으로
사람들을 사랑했다고 말할 수 있도록
나는 지금 많은 이들을 사랑해야겠습니다.

146

내 인생에 황혼이 들면
나는 나에게 많은 날들을 지내오면서
열심히 살았느냐고 물어보겠지요.

그러면 그때 자신 있게
열심히 살았다고 말할 수 있도록
나는 지금 하루하루를 최선을 다 하여 살아가겠습니다.

내 인생에 황혼이 들면
나는 나에게 많은 날들을 지내오면서
사람들에게 상처를 준 일이 없느냐고 물어보겠지요.

그러면 그때 얼른 대답하기 위해
지금 나는 사람들에게 상처 주는 말과 행동을 하지 않아야겠
습니다.

내 인생에 황혼이 들면
나는 나에게 많은 날들을 지내오면서
삶이 아름다웠느냐고 물어보겠지요.

그러면 그때 나는 기쁘게 대답하기 위해
지금 내 삶의 날들을 기쁨으로 아름답게 가꾸어가겠습니다.

내 인생에 황혼이 들면
나는 가족에게 많은 날들을 지내오면서

부끄러움이 없느냐고 물어보겠지요.

그러면 그때 반갑게 대답하기 위해
나는 지금 가족의 좋은 일원이 되도록
내 할 일을 다 하면서 가족을 사랑하고 부모님에게 순종하
겠습니다.

내 인생에 황혼이 들면
나는 나에게 많은 날들을 지내오면서
이웃과 사회와 국가를 위해 무엇을 했느냐고 물어보겠지요.

그러면 그때 나는 힘주어 대답하기 위해
지금 이웃에 관심을 가지고 좋은 사회인으로 살아가겠습
니다.

내 인생에 황혼이 들면
나는 내 마음밭에서
어떤 열매를 얼마만큼 맺었느냐고 물어보겠지요.

그러면 그때 자랑스럽게 대답하기 위해
지금 나는 내 마음밭에 좋은 생각의 씨를 뿌려
좋은 말과 좋은 행동의 열매를 부지런히 키워야겠습니다.

148

여섯 번째 마당

부모님 은혜

부모님께 기름진 음식과 부드러운 옷으로 육신을 편케 해드리는 것은 낮은 효도요, 마음을 즐겁고 행복하게 해드리는 것은 중간의 효도요, 바른 법을 믿고 닦아 깨달음을 얻어 생사를 해탈케 해드리는 것이 가장 높은 효도이다.

첫째, 회탐수호은(懷躭守護恩)
　　　뱃속에서 열 달 동안 길러주신 은혜

여러 겁의 인연이 지중하여
금생에 다시 와서 모태에 의탁했네.
한 달 한 달 달이 차서 오장이 생겨나고
일곱 달이 접어들자 육정이 열리도다.
몸가짐에도 몹쓸 질병이 겁이 나네.
비단옷은 모두 다 입지 않고
화장대엔 뽀얀 먼지만 쌓였네.

둘째, 임산수고은(臨産受苦恩)
　　　해산할 때 고통받으신 은혜

아이를 잉태한 지 열 달이 지나니
해산의 어려움이 다가오네.
아침마다 중병에 걸린 듯

나날이 정신도 흐려지네.
그 두려움 다 기억하기 어렵고
근심에 흐르는 눈물 옷깃을 적시네.
슬픔을 머금은 채 친족에 이르기를
이러다가 죽지 않나 겁이 난다고.

셋째, 생자망우은(生子忘憂恩)
　　　자식을 낳고 근심을 잊으신 은혜

자비로운 어머니 그대 낳던 날
오장육부 모두 터져나간 듯
몸과 마음 모두가 까무러졌고
피를 흘려 놓은 자리 짐승을 잡은 듯
갓난아기 충실하다 그 말을 들으면
그 기쁨 평소의 갑절이나 되었네.
기쁨 가라앉자 슬픔이 되살아나
아픔이 심장까지 사무쳐 오네.

넷째, 연고토감은(咽苦吐甘恩)
　　　쓴 건 삼키고 단 건 뱉어 먹여주신 은혜

무겁고 깊은 것은 부모님 은혜
귀엽고 사랑함은 한때도 변치 않네.
단 것은 다 뱉으니 무엇을 잡수실까.

쓴 것만 잡수셔도 얼굴은 편안하네.
자식 사랑 무거우니 정 참기 어려워
그 은혜 더욱 깊어 슬픔 다시 더하네.
아이만을 배불리 먹이면
어머님은 배고픔도 사양치 않네.

다섯째, 회건취습은(回乾就濕恩)
　　　　마른자리 진자리 갈아주신 은혜

어머니 자신은 진자리에 누우시고
아이는 마른자리 갈아 뉘시네.
두 젖으로 굶주림과 목마름 채워주고
사랑의 정성으로 잠마저 설치시고
아이의 그 재롱 기쁨이 넘치시네.
오로지 아이만을 편안케 해주며
자비론 어머니는 불편함도 즐겁네.

여섯째, 유포양육은(乳哺養育恩)
　　　　젖을 먹여 길러주신 은혜

어머님 그 은혜 땅과도 같고
아버님 높은 은혜 하늘과 같네.
덮은 하늘 실은 땅이 은혜 같으니
아버님 어머님 뜻 그와 같아서

두 눈이 없다 한들 어찌 미워하리.
손과 발이 없다 한들 어찌 싫어하리.
내 속에서 친히 낳은 자식이기에
종일토록 아끼시며 사랑하시네.

일곱째, 세탁부정은(洗濯不淨恩)
　　　더러운 것 씻겨주신 은혜

생각하면 옛날엔 아름답던 그 얼굴
그 자태 곱고 고와 풍염(豊艶)하셨네.
갈라진 두 눈썹은 버들잎 같았고
두 뺨은 붉은 연꽃도 무색하였네.
은혜가 깊을수록 그 모습 여위셨고
거울에 밝은 모습 빨래할 때 상하셨네.
아들딸 귀여움에 늙은 줄도 잊으시고
자비롭던 어머님 잔주름만 늘었네.

여덟째, 원행억념은(遠行憶念恩)
　　　먼 길 떠난 자식 걱정하신 은혜

죽어서 영이별은 참기 어렵지만
살아서 생이별은 더더욱 가슴 아파
자식이 집을 떠나 먼 곳으로 가면
어머님 그 맘은 자식을 따라가네.

밤낮을 가리지 않고 자식을 따라
흐르는 눈물은 천 줄기 만 줄기
원숭이 자식 사랑에 울부짖듯이
어머님 마음은 간장이 끊어지네.

아홉째, 위조악업은(爲造惡業恩)
       자식 위해 모진 일도 다하시는 은혜

강산처럼 소중하신 아버지 어머니
깊을사 그 은혜 정말 갚기 어려워
자식의 괴로움 대신 받기 원하시고
아이가 수고하면 그 마음 편치 않네.
멀리 길 떠난다는 말 들으면
떠나던 밤 춥게 자질 않나 걱정이시네.
아들딸 잠시라도 괴로워하면
어머니 마음은 오래도록 아프시네.

열째, 구경연민은(究竟憐愍恩)
       끝까지 사랑하시는 은혜

부모님 은혜는 깊고도 무거워
베푸신 크신 사랑 그칠 때 없네.
앉으나 서나 자식 생각 끊임없고
멀거나 가깝거나 그 뜻 따르네.

어머님 높은 연세 백세가 되셔도
팔십 된 자식을 걱정하시네.
그 크신 이 은애(恩愛) 언제나 그치리까.
이 목숨 다한 후에 비로소 떠나리.

『부모은중경』

효(孝) 하면 심청이가 떠오릅니다. 하지만 심청이는 조선시대
에 쓰인 한글 소설로서 판소리 심청가의 주인공입니다. 『삼국유사』,
『조선실록』 등 여러 문헌에 백성들의 효자 이야기가 종종 나오지
만, 국왕으로서 효자는 조선 22대 정조대왕일 것입니다. 정조대왕
은 비운의 죽음을 당한 사도 세자의 아들입니다. 영조(英祖)대왕은
두 명의 왕후, 두 명의 빈, 한 명의 귀인 그리고 네 명의 후궁으로부
터 2남 12녀를 두었습니다. 이렇게 많은 여인을 거느린 것은
아들을 갖고 싶은 마음에서였습니다. 남성만이 왕위에 오를 수
있는 왕실제도 때문입니다.

사도 세자는 이 중 둘째 아들입니다. 정빈 이 씨한테서 태어난
첫째 아들 효장(孝章) 세자가 9살 때 죽고 애타게 기다리던 아들이
7년 만에 영빈 이씨한테서 태어났습니다. 영조대왕 41세 때입니
다. 영조대왕은 너무도 기뻐서 갓난애를 중전의 양자로 들여 원자
로 삼고, 다음해 두 살 때 세자로 책봉하였습니다. 우리나라 역사상
가장 어린 세자입니다. 그때의 세자명은 장헌(莊獻)입니다.

장헌 세자는 영특하고 총명하여 열 살까지는 학문에 탁월한
재능을 보였으나, 학문에는 점차 흥미를 잃었습니다. 귀한 아들이

성군이 되기를 바라는 마음에서 아버지 영조대왕이 지나치게 욕심을 내어 공부를 시켰기 때문입니다. 세자는 방안에 앉아 책읽기를 싫어하고, 밖에 나가 활 쏘고, 칼 휘두르고, 말타기를 좋아했습니다.

세자는 타고난 체력이 무인다웠고, 혈기가 넘쳐서 밖에서 무예를 익히는 것을 좋아했습니다. 반대로 아버지 영조대왕은 다소곳이 책상 앞에 앉아 책을 읽음으로써 많은 지식을 쌓아야만 현명한 성군이 된다고 믿고, 그렇게 되도록 계속 강요했습니다. 장헌 세자는 자랄수록 아버지 영조대왕의 기대에 점점 멀어졌습니다. 아버지는 아들을 미워하여 호통치고, 아들은 아버지를 두려워하여 회피하였습니다. 부자간의 골은 점점 깊어만 갔습니다.

그러던 중 세자가 열여덟 살 때, 동갑내기 혜경궁 홍 씨와의 사이에서 아들 산(祘, 정조)이 태어났습니다. 세손을 얻자 기쁜 마음에 영조대왕은 얼마 동안은 세자가 학문에 등한시하고 무예에 빠지는 것도 관여치 않았습니다. 세자는 병서를 즐겨 읽어 속임수와 정공법을 적절히 변화시키는 오묘한 이치의 병법을 터득하였습니다. 세자는 신체적 조건을 갖추고 태어나 무예가 뛰어났으며, 24세 때는 장수와 병사들이 무예에 익숙지 못함을 걱정하여, 중국 무예와 조선 무예를 잘 조화시켜 『무기신식』(武技新式, 무기를 다루는 새로운 방식)이라는 책을 손수 그림을 곁들여 편찬하여, 곤봉, 장창, 죽장창, 월도, 쌍검 등 열두 가지 병기를 다루는 법을 소개했습니다. 실제로 그 책은 훈련도감 교재로 활용되었습니다.

156

이렇게 세자가 학문을 멀리 하고 무예를 익히는 데 열중하자, 아버지 영조대왕은 더욱 호통을 치고, 무예 익히는 것을 전면 금지하였습니다. 그러자 세자는 의기소침하여 우울증에 빠지게 됩니다. 무예의 광야를 거침없이 뛰어다니는 호랑이를 성군이라는 명분 아래, 학문이라는 조그마한 울에다 가두는 격이었습니다. 밖에서 무예를 익히기를 좋아하는 세자에게 방안에 들어앉아 책만 읽으라고 하니 어찌 병이 생기지 않겠습니까?

나중에는 밖에 나가라고 해도 나가지 않고 방안에 처박혀 지낼 정도로 우울증이 심해졌습니다. 밤이면 잠을 이루지 못하고, 가까스로 잠이 들어도 악몽에 시달려 고함을 지르고, 몽유병자처럼 갑자기 잠자리에서 벌떡 일어나 물건을 부수기까지 했습니다. 증상은 날이 갈수록 오히려 더 심해졌습니다. 잠을 자다가 일어나 칼을 휘둘러 내시를 죽이고 궁녀를 죽였습니다. 아침에 잠이 깨서는 자기가 간밤에 저지른 끔찍한 현실에 후회와 공포로 몸을 떨었습니다. 약을 달여 주면 자기를 죽이기 위한 독약이라고 먹지 않고, 병은 점점 깊어만 가는데, 어떻게 할 방법이 없었습니다.

고통 받는 중생을 구제하려는 보살의 네 가지 방편 중에 동사섭(同事攝)이라는 것이 있습니다. 동사섭은 상대편의 근성에 따라 변신하여, 저자거리로 들어가 중생과 함께 동거동락하여 감화시키는 방법입니다.

만약 아버지 영조대왕이 아들인 세자에게 무조건 무예를 못하게 하지 말고, 먼저 뛰어난 솜씨를 칭찬해 주고, 그와 비슷한 또래들과 무예를 즐기게 하면서, 조금씩 학문을 가까이 하도록 유도했다면 어찌 되었을까요. 때로는 좁은 궁 안에서 벗어나 전국을 순회하면서 민심을 살피게 하고, 군사시설을 돌아보며 병사들의 사기를 북돋워 주게 하고, 나라의 방위태세를 점검하도록 하는 한편, 주변국과 국방력을 비교, 분석하게 하고 외교관계를 터득하도록 하였더라면, 어떻게 되었을까요. 문무를 갖춘 훌륭한 군왕이 되었지 않을까요?

영조대왕은 어느덧 칠순이 다 되어 갔습니다. 조선의 역대 왕들이 거의 사십대에 죽었으니, 영조대왕이 가장 오래 살고 오래 왕위에 재위한 분입니다.

'이제 나는 언제 죽을지 모르는 나이, 내가 죽으면 다음 왕위는 세자가 물려받아야 하는데, 정신병자인 장헌 세자가 왕위에 오른다면, 이 나라는 장차 어찌 될 것인가?'

지나치게 학문이 높은 성군만을 바라고, 세자의 무예적 기질을 살피지 못한 자신의 잘못을 깨달았지만, 이미 때는 늦었습니다. 아무리 후회해 보아도 이제는 소용이 없었습니다.

'세자를 폐위시키고 세손에게 왕위를 넘겨준다고 해도, 세손에게는 크나큰 정치적 부담을 안겨줄 것이다. 어떻게 하면 좋을 것인가? 칠순이 다가오는 나이인데, 지체할 수 없는 일이다. 조만간 결단해야 한다.'

이렇게 고민을 하고 있을 때, 세자의 생모인 영빈 이씨가 대왕을 찾아와 세자를 죽일 것을 종용했습니다. 아무리 못된 여자라고 해도 자신이 열 달 동안 뱃속에 품었던 자식을 죽여 달라고 간청하는 어머니가 어디 있겠습니까? 하지만 정신병을 앓고 있는 당신의 아들이 왕위에 올라 나라를 위태롭게 하고 많은 무고한 신하들을 죽이게 하여 옛 로마의 네로나 폭군 연산군 같이 된다면, 이 얼마나 불행한 일이겠습니까?

이런 결심을 하게 된 어머니 영빈 이씨의 마음은 오죽했겠습니까? 생모 영빈 이씨의 말에 영조대왕도 아들 장헌 세자를 죽일 것을 결심합니다. 대왕의 나이 68세, 세자 나이 27세, 윤 5월 13일, 양력 7월 초순, 칼을 주어 자결할 것을 명하였으나 명을 받들지 않으니, 무더운 여름날 뒤주 안에 가두어 9일 만에 죽게 하였습니다. 열 살이었던 세손은, 할아버지 영조대왕께 아버지를 살려 달라고 애원했습니다. 그는 아버지가 뒤주 안에서 "아바마마, 잘못했습니다. 살려 주세요." 하고 울부짖는 절규를 들었습니다.

뒤주 안에서 살려달라고 울부짖는 아버지의 절규를 그는 평생토록 한 순간도 잊지 못했을 것입니다. 어린 가슴에 사무친 아버지의 절규가 평생 마음을 아프게 했을 것입니다. 영조대왕은 장헌 세자를 세자의 신분으로 죽일 수 없어 서인(庶人)으로 강등시켜 죽였습니다. 그러고 나서 생각하면 할수록 애달프고 슬프다고 '생각할 사(思)', '슬퍼할 도(悼)', '사도'라고 이름지어 세자로 복위, 명예를 회복시켰습니다.

영빈 이씨는 자식을 죽게 한 악한 어머니가 되었고, 그 죄책감에 병이 생겨 얼마 살지 못하고 죽음을 맞이했습니다. 영조대왕은 세자인 자식을 죽인 비정한 부왕으로 역사에 기록되었고, 장헌(사도) 세자는 뛰어난 무예의 천재성 때문에 죽음을 당해야 하는 비운의 세자가 되었습니다.

폐세자 이선(李愃)이 죽자, 폐세자인 만큼 서인의 예로 장례를 치러야 한다, 그래도 세자의 예를 갖추어 장례를 치러야 한다, 궁중에서 설왕설래 할 때, 예조 관리 정홍순이 세자의 예를 갖추어야 한다고 주장하여 결국 그렇게 치렀습니다. 그는 장례식 때 쓴 옷감의 천 조각, 그리고 여러 가지 자료의 견본과 장례 절차 및 비용 등을 상세히 기록하여 조그마한 함에 넣고 자물쇠를 채워 귀중히 보관했습니다.

14년 뒤, 영조대왕이 죽고 세손 이산(李祘)가 왕위에 오르자, 정조대왕은 제일 먼저 14년 전 아버지 사도세자의 장례 책임자들을 불러 그때 어떻게 장례를 치렀는지를 물었습니다. 아버지의 장례를 소홀하게 치렀다면, 크게 벌을 내릴 마음이었습니다. 이렇게 될 것을 미리 예견한 정홍순은 자기 집에 잘 보관하고 있던 함을 가져와 왕에게 보여주었습니다. 정조대왕은 아버지의 장례를 세자의 예로 치러 준 것에 기뻐하고, 크게 상을 내렸습니다.

정조대왕은 첫 어전회의에서 "나는 장헌 세자의 아들이다." 라고 말했습니다. 그리고 이름난 지관을 대동하여 양주 배봉산에 모셔진 아버지 사도세자의 묘를 참배하고, 묘 터의 길흉을 물었습니다. 지관들이 한결같은 말로 묘 자리가 흉하다고 하자, 궁에서 백리 안에 가장 좋은 길지를 찾아내도록 명했습니다. 그래서 찾아낸 곳이 지금의 화성에 있는 사도세자의 묘입니다. 그 후 정조대왕은 사도세자를 장조(莊祖)라는 왕으로 추존하고, 부왕의 묘를 융릉(隆陵)이라 했으며, 생전에 열세 번의 능행을 했습니다.

한 번은 융릉에 갔다가 소나무에 송충이가 잔뜩 붙어 솔잎을 갉아먹고 있는 모습을 보았습니다. 정조대왕은 커다란 송충이를 붙잡아 입에 넣고 자근자근 씹어 먹으면서 말했습니다.

"살아생전에는 많은 간신들이 들끓어 아버님을 괴롭히더니, 이놈들이 이제는 송충이가 되어 괴롭히는구나."

그러자 소나무에 붙어 있던 송충이들이 우수수 떨어져 죽더니, 그 뒤로도 다시는 송충이들이 생기지 않았다고 합니다.

또 다른 전해 내려오는 이야기가 있습니다. 왕릉에는 능을 지키고 관리하는 능지기 참봉(參奉, 종9품 벼슬)이 있습니다. 사도 세자의 능에도 참봉이 있었습니다. 어느 무더운 여름날 오후, 능참봉이 점심을 먹고 잠시 낮잠을 자려고 누워 있는데, 대문간에서 탁발승이 시주하라고 염불을 하면서 목탁을 치는 것이었습니다. 마침 집안에는 아내도 없고 애들도 없는 터라, 참봉이 나서서 탁발승에게 쌀을 좀 내주어야 하는데, 졸음이 밀려와서 못 들은 척하고 누워 있었습니다. 하지만 탁발승은 갈 생각이 없는지 계속 목탁을 치며 염불을 하는 것이었습니다.

네가 이기나, 내가 이기나 해보자고 계속 버티는데, 한 시간쯤 되어도 그치지를 않는 것이었습니다. 참을성이 부족한 참봉이 결국 일어나 투덜거리며, 사발에 쌀을 조금 담아다가 스님의 바루대에 부어주었습니다. 그리고 돌아서려는데, 그 스님 하는 말이 "허! 사흘 안에 죽을상이네." 하는 것입니다. 그렇지 않아도 짜증이 나서 죽겠는데, 사흘 안에 죽는다고 하니 버럭 화가 나서 스님의 멱살을 쥐고 소리쳤습니다.

"이 중아! 뭐라고? 내가 이렇게 멀쩡한데 사흘 안에 죽는다고? 누굴 겁주는 거야!"

주먹을 날릴 기세였습니다. 하지만 스님은 조금도 당황하지 않고 엄숙한 태도로 말했습니다. "시주님, 얼굴에 죽음의 그림자가 드리워져 있습니다. 내 말이 거짓이라면 이 소승은 지옥에 떨어질 것입니다."

참봉은 손에 힘이 빠지고 다리가 후들거리며 온몸에 식은땀이 흘렀습니다.

"그러면 어떻게 해야 살 수 있소?"

"방법이 있긴 한데, 내 말을 믿으려 하지 않으니…."

그러고는 뒤돌아서려는 스님의 도포를 능참봉이 부여잡고 간절히 부탁했습니다.

"내가 시키는 대로 할 터이니, 제발 방법을 가르쳐 주십시오."

스님은, "지금부터 능에 가서 삼일 낮밤을 꼼짝 말고 대왕님께 살려달라고 절하며 비십시오."라고 말하더니, 곧장 떠나 버렸습니다. 능참봉은 그 길로 능에 가서 "대왕님, 살려주십시오, 대왕님, 살려주십시오."를 반복하며 절을 올렸습니다.

낮에는 햇볕이 따가워 땀으로 목욕을 하고, 밤이면 모기가 무는 바람에 견디기가 어려웠습니다. 절을 하며 빌다가도 '그 못된 중이 날 골탕 먹이려고 그런 말을 했겠지.' 하는 생각이 들면 당장 그만두고 능지기 집으로 돌아와서는 방에 누워 잠을 청하곤 했습니다. 하지만 그때마다 꿈속에 시커먼 저승사자가 나타나서 잡아가려고 하는 바람에 놀라 깨어나서 다시 능 앞으로 가서 절을 하며 "대왕님, 살려주십시오."를 반복하며 빌었습니다.

이렇게 몇 번이고 능에 갔다, 집으로 돌아왔다를 반복했습니다.

사흘째 되던 날, 아침부터 장맛비가 주룩주룩 내렸습니다. 정조대왕은 처마 끝에서 떨어지는 낙숫물 소리에 잠이 깨어, 가만히 앉아 빗소리를 듣고 있으려니 마음이 착잡해졌습니다. 부친 사도 세자의 제삿날이 가까워지니, 아버지에 대한 기억이 되살아나 가슴이 저려왔습니다. 뒤주 안에서 "아바마마! 잘못했습니다. 살려주세요!"라고 울부짖던 목소리가 빗소리에 묻혀서 들리는 듯했습니다. 눈에서는 소리 없이 눈물이 흘렀습니다. 아버지가 그리워 능에라도 가고 싶어도 길이 멀어서 자주 가보지 못하니, 가슴이 답답했습니다. 문을 열고 처마 끝에서 떨어지는 낙숫물을 바라보는데, 화성의 능이 눈앞에 아른거렸습니다.

'아바마마는 이 장대비를 피하지 못하고 다 맞고 계시겠구나.'하는 생각을 하니 더욱 가슴이 아팠습니다. 그러다가 문득 '아바마마는 이렇게 비를 맞고 있는데, 능지기 이놈은 아침부터 큰 대자로 누워서 늦잠을 자고 있겠구나.' 하는 생각이 들자 죽이고 싶은 마음으로 변했습니다. 평상시의 정조대왕 같지 않았습니다. 화산의 용암이 솟구치는 듯한 분노를 느끼며, "밖에 그 뉘 없느냐?"라고 소리를 쳐서 내시를 불렀습니다. 내시가 황급히 달려오자, "말 잘 타는 병사 둘을 당장 데려오너라!"라고 명을 내렸습니다. 두 병사가 급히 달려오자, "화성에 가서 능지기 놈을 지체 말고 잡아 오너라!"라고 명을 내렸습니다.

두 병사는 억수같이 쏟아지는 빗속을 뚫고 말을 타고 달려 능참봉이 거처하는 집으로 갔습니다. 그러나 능참봉은 보이지 않았습니다. 이곳저곳을 찾다가 능에 가보니 비를 맞으며 무릎을 꿇고 무어라고 중얼거리고 있었습니다.

"능참봉! 어명이요. 빨리 한양으로 가야겠소. 어서 말을 타시오."

말을 타고 병사의 뒤를 따라가는 능참봉은 '아이고! 오늘이 사흘째 되는 날인데, 그 스님이 나를 골탕 먹이려고 그러는 줄 알고 기도를 하다가 말다가 했는데, 정성이 부족하여 이제 죽는구나!'라는 생각이 들어, 후회막급이었습니다.

정조대왕은 이유도 모르고 끌려와 엎드려 있는 능지기 참봉을 가리키며 어명을 내렸습니다.

"네, 이놈, 대왕께서는 비를 맞고 계시는데, 네 놈은 방안에서 큰 대자로 누워서 낮잠만 자? 저 놈을 당장 처형하여라!"

그 순간 능참봉은 이렇게 해도 죽고 저렇게 해도 죽겠다는 생각이 들어, 읊조렸습니다.

"상감마마, 대왕께서 비를 맞고 계셔서 비가 개도록 능 앞에서 하늘에 빌고 있었습니다."

"네, 이놈, 그 말이 참말이렷다! 여봐라, 저놈을 잡아온 병사들을 불러오라!"

대왕은 병사들에게 사실인지 아닌지를 물었습니다. 두 병사가 능 앞에서 비를 맞으며 엎드려 있는 능참봉을 보고 거기서 붙들어 왔노라고 말했습니다. 정조대왕은 눈물을 흘리며 고마워하면서 능참봉에게 상을 내렸다고 합니다.

이렇게 부왕을 그리워하여 왕궁에서 화성까지 백여 리가 되는 거리를 문무백관을 거느리고 능행을 한 것이 열세 차례나 되었습니다. 그때마다 한강에는 부교를 만들어야 했으니, 그 효심은 누구에게도 비할 수 없습니다. 용주사에서 융릉까지는 1.7킬로미터가 됩니다. 그래서 능행 시에는 용주사에 왕이 머무는 숙소를 차렸습니다. 용주사는 신라 문성왕 16년에 염거화상이 창건하여 갈양사(葛陽寺)라고 하였습니다. 갈양사는 병자호란 때 대부분 불타고 나머지 요사를 수리하여 보경 스님이 사셨습니다.

　　정조대왕은 보경 스님으로부터 『부모은중경』의 법문을 듣고 감동을 받고는, 어떻게 하면 부왕이 왕생극락할 수 있는지를 물었습니다. 보경 스님은 『부모은중경』을 많이 찍어 여러 백성들에게 보시하여 읽게 하라 하였습니다. 그리하여 부모 은혜를 알고 효도하게 하며, 왕생극락 발원기도를 하며, 칠일마다 일곱 번 제를 지내면 그 공덕으로 왕생극락할 수 있다고 하였습니다.

　　정조대황은 『부모은중경』 판을 각하게 하여 많은 경을 찍도록 명하였습니다. 처음에는 옥으로 경판을 각하고 보니 깨질 우려가 있었고, 두 번째로는 나무에 각하고 보니 화재 시에 소실될 우려가 있었습니다. 그래서 깨지지도 않고 불에도 강한 동으로 경판을 만들게 하여, 현재 용주사에 세 질이 보존되어 있습니다. 그리고 퇴락한 갈양사의 복원 불사를 시작하여 145칸의 건물을 짓고, 그 중에 사도 세자와 혜경궁 홍씨의 위패를 모시는 호성전(護聖殿)을 세우고 칠칠제를 지냈습니다.

　　중창불사 회향식과 칠칠제가 끝나는 전날 밤, 정조대왕은 절에서 자다가 커다란 용이 여의주를 물고 하늘로 올라가는 꿈을 꾸었습니다. 보경 스님께 그 꿈 이야기를 하여, 갈양사를 '용룡(龍)', '구슬 주(珠)', 용주사(龍珠寺)라고 했으면 좋겠다고 하여 지금의 용주사가 되었습니다. 정조대왕은 그것만으로는 아버지에 대한 효심이 부족하다고 여겼는지 능 가까이 머무르면서 자주 능을 참배하고자 수원화성을 쌓고 행궁을 지었습니다.

단가 중 사철가에 이런 구절이 있습니다. '사후에 만반진수(滿盤珍羞)는 생전에 일배주만도 못하느니라.' 부모님이 돌아가신 뒤, 명당을 찾아 묘를 쓰고 해마다 기일이면 진수성찬을 차려놓고 제사를 지내는 것보다 살아생전에 한잔 술이라도 정성껏 대접하는 것이 효가 된다는 뜻입니다.

옛날에 경주에 사는 효자가 충남 예산에 훌륭한 효자가 있다는 소문을 듣고, 좋은 효도법을 배우기 위하여 먼 길을 걸어서 찾아왔습니다. 일부러 저녁 무렵에 효자의 집에 들어가, 먼 길 가는 객이니 하룻밤만 자고 가자고 청했습니다. 예산 효자가 흔쾌히 받아주자, 경주 효자는 예산 효자의 집안에서 일어나는 일상생활을 유심히 살폈습니다. 그 집에는 팔순이 넘은 노모와 몇 명의 손자손녀, 그리고 효자 부부가 살고 있었습니다.

그런데 경주 효자가 두 눈을 의심하지 않을 수 없는 일이 벌어졌습니다. 예산 효자가 일터에서 돌아오자 노모가 대야에 물을 떠오더니 아들의 발을 씻기는 것이었고, 아들은 조금도 거리낌 없이 천연덕스럽게 노모에게 발을 맡기는 것이었습니다.

저녁 식사 후에는 밤늦게까지 노모의 방에서 책을 읽는 소리가 들렸습니다. 그리고 아침이 되자, 조반을 먹기 전에 효자는

166

물통을 갖고 노모와 같이 약수터에 가서 약수를 떠오는 것이었습니다. 조반을 들고 나면 노모는 마루에 앉아서 소반에다 쌀을 부어놓고 뉘를 고르는 것이었습니다. 며느리가 있었지만 도와주지 않았습니다. 그러고 나서 노모는 그 쌀을 머리에 이고 절에 가시는 것이었습니다.

경주 효자는 헛걸음을 했다고 실망감이 들었지만, 그래도 효자라는 소문이 난 것이 이상하여 의심난 것을 물었습니다.

"소생은 경북 경주에서 효자로 이름난 아무개입니다. 여기에 온 것은 선생님이 훌륭한 효자라는 소문을 듣고 어떻게 효도를 하시는지 한 수 배우고자 왔습니다만, 선생님과 집안 식구들이 노모님을 모시는 것을 보고 크게 실망했습니다."

이렇게 말하자, 예산 효자가 대꾸했습니다. "그래요? 그러면 어떤 점이 잘못되었는지요? 지적해 주시면 고맙겠습니다."

"소생이 보니 선생님이 석양에 일터에서 돌아오자 노모께서 발을 씻겨주시던데, 어떻게 노모님께 발을 씻겨 달라고 할 수 있습니까?"

"그래요? 그것은 어머님께서 원하셔서 그러시는 것입니다. 어머님께서는 내 발을 씻기시는 순간이 제일 행복하다고 하십니다. 삼대독자인 내가 태어난 것이 당신께는 최고의 행복이요, 어린애 때 나를 목욕시킬 때 가장 행복감을 느꼈답니다. 그래서 지금도 소자의 발을 씻겨 주시면서 행복감을 느끼십니다. 어머님이 행복해 하시는 모습을 보면 저도 행복합니다."

"그러면 또 묻겠습니다. 노모님의 방에서 밤늦게까지 책을 소리내어 읽으시던데, 노모님이 쉬시지도 못하게 왜 그러는 것입니까?"

"어머님께서는 불경 읽기를 좋아하셨습니다. 젊은 시절에는 당신이 직접 읽으셨는데, 지금은 눈이 어둡고 가는귀가 먹어서 제가 큰소리로 읽어드리면 경 읽는 소리를 들으시면서 편안히 잠이 드십니다."

"두 분이 아침 일찍 약수터에 가셔서 약수를 떠오던데, 혼자 가셔서도 될 일인데, 왜 꼭 노모님을 모시고 가야 합니까?"

"어머님께서는 아침에 약수터까지 걸어갔다가 오는 운동을 하시기를 좋아하시고, 그 덕택으로 지금까지 무릎이 아프다고 하시지 않습니다. 어머님은 팔순이 넘었지만 특별히 불편하신 데가 없습니다."

"낮에 마루에서 소반에다 쌀을 부어놓고 뉘를 고르시던데, 어째서 며느리가 있고, 선생님이 있고, 손자손녀들이 있는데, 노모님께 그런 일을 시키는 것입니까?"

"어머님께서는 부처님께 올리는 공양미의 뉘는 당신이 직접 고르십니다. 당신 복은 당신이 지어야 한다고, 누구에게도 시키지 않습니다. 그리고 어머님께서는 누구의 도움 받기를 싫어하셔서 직접 머리에 이고 절에 가셔서 불공을 드립니다. 소생은 이러한데, 선생님께서는 어떻게 부모님을 모십니까?"

경주에서 온 효자는 그제야 예산 효자의 깊은 뜻을 헤아리고 고개를 끄덕였습니다.

"선생님의 말씀을 들으니 참으로 훌륭한 효자이십니다. 소생은 일찍 혼자 되신 어머님을 위해 세 때 기름진 고기반찬, 흰 쌀밥을 해드리고, 곱고 부드러운 옷을 항상 깨끗하게 입혀 드리며, 손에 흙은 물론 물도 묻히지 않게 해드립니다."

"그러시군요. 그렇게 해드리면 자당께서는 행복해 하시던가요?"

"아니요. 마냥 입맛이 없다 하시고, 다리가 쑤시고 무릎이 아프다, 허리가 아프다 하시며, 이런 저런 사소한 일에 간섭하시고 자주 짜증을 내십니다."

어느 쪽이 효도일까요? 부모님의 육신을 안락하게 해드리는 것보다 마음을 편안하게 해드리는 것이 효도가 아닐까요?

부처님께서 부왕의 만류에도 뜻을 굽히지 않고 야반도주 하셨듯이, 요즘 스님들도 부모님 몰래 야반도주하여 출가한 자들이 많습니다. 스님이 되어 강원에 들어가면 처음 배우는 교재 중에 『치문경훈』(緇門警訓)이 있습니다. 이 교재 중에 "동산양개화상사친서"(洞山良价和尙辭親書)가 있습니다. 이 글은 양개화상이 출가하여 어머니께 하직하는 글입니다. 이 대목을 배울 때는 가슴이 뭉클해집니다. 동산양개화상은 청원 문하 4세로 운암 담선사의 법제자이며, 조동종(曹洞宗) 개조(開祖)입니다.

어머님 전상서

양개는 부모님의 뜻을 받들지 않고 집을 나와 지팡이 짚고 남방으로 내려와 돌아다닌 지 세월이 벌써 십 년이 지났고, 거리는 만 리나 떨어져 있습니다.

엎드려 바라옵건대 어머님은 마음을 거두어 도를 생각하시고 뜻을 거두어 마음을 비워 이별한 정을 생각하지 마시고 문에 기대어 바라보는 일을 행하지 마소서.

집안일은 다만 인연에 맡기시고 일을 내면 일이 더하여 날로 번거롭게 될 것입니다. 형은 부지런하고 효순하여 옛날 효자 왕상(王祥)처럼 얼음 속에서 고기를 구할 것이요, 아우는 힘을 다해 받들어 섬기기를 옛날 효자 맹종(孟宗)처럼 서리 속에서 죽순이 나라고 울 것입니다. 무릇 세속 사람은 세상에 살면서 몸을 닦고 효도함으로써 하늘의 뜻을 받들어야 할 것이요, 이 중은 불문(佛門)에 있으면서 도를 사모하고 참선수행 함으로써 어머님의 은덕을 갚을 것입니다.

지금은 천산만수로 아득히 떨어진 이곳에서 한 장 종이에 여덟 줄 글로 아쉬움을 달래는 회포를 적습니다.

명리(名利)도 구하지 않고, 선비 되기도 구하지 않고
다만 공문(空門, 불교)을 좋아하여 세속 길을 버렸네.
번뇌가 다할 때면 근심 불이 꺼질 것이요,
은정(恩情)이 끊어진 곳에 애욕의 강물이 마를 것입니다.
육근(六根)은 공혜(空慧)의 향기로운 바람을 끌어오고
한 생각이 생기려 하면, 지혜의 힘이 붙들어 주나니,
어머니 은혜를 갚기 위하여 열심히 도를 닦을 것이오니
슬퍼하지 마시고 죽었다 생각하거나 애초에 낳지 않았다고 생각하소서.

아들에게 주는 글

    나는 너와 전생의 인연이 있었기에 비로소 모자간의 정분을 맺게 됨에 사랑으로 정을 쏟았다. 나는 너를 밴 뒤로 아들을 낳게 해달라고 신과 부처님과 하늘에 빌었다. 임신하고 달이 차서는 내 목숨이 실 끝에 매달린 듯 위태로웠으나, 드디어 내 소원은 이루어졌던 것이다.

    그리하여 너를 보배 구슬처럼 아끼어 똥오줌에도 더러운 냄새도 꺼리지 않았고, 젖먹일 때에도 수고로움을 게을리 하지 않았다. 차츰 성인이 되면서부터는 공부하러 보내 놓고 혹 조금이라도 때가 지나 돌아오지 않으면 나도 모르게 문에 기대어 바라보고 있었다. 너는 편지에서 굳이 출가함을 바라지만, 네 아버지는 돌아가시고, 이 어미는 늙었으며, 네 형은 인정이 메마르고, 네 아우는 가난하다. 이러한데 내가 어디에 기대어 의지하겠느냐. 아들은 어미를 버릴 뜻을 가졌지만, 어미는 아들을 버릴 수가 없다.

    한번 네가 타방으로 떠난 뒤에는 밤낮으로 항상 슬픈 눈물만 뿌리게 되었으니, 실로 괴롭고 괴로운 일이다. 그러나 너는 이미 고향으로 돌아오지 않겠다고 맹세했으니, 어떻게 네 뜻을 따르지 않을 수 있겠느냐.

    그러므로 나는 감히 네가 얼음에 눕는 왕상(王祥)이 된다거나, 나무를 새기는 정란(丁蘭)이 되기를 바라지 않는다. 다만 목련(目連) 존자처럼 되어 나를 제도하여 고해에서 해탈시켜 불과(佛果)에 오르게 하길 바랄 뿐이다. 그러나 만일 그렇지 못하다면 깊은 허물이 있을 것이니 간절히 모름지기 사무쳐 알라.

부처님께서 말씀하셨다. "부모님께 기름진 음식과 부드러운 옷으로 육신을 편케 해드리는 것은 낮은 효도요, 마음을 즐겁고 행복하게 해드리는 것은 중간의 효도요, 바른 법을 믿고 닦아 깨달음을 얻어 생사를 해탈케 해드리는 것이 가장 높은 효도이다."

아들에게 쓴 어머니의 글

아들아!
결혼할 때 부모 모시는 여자 택하지 말아라.
너는 엄마랑 살고 싶겠지만
엄마는 이제 너를 벗어나
엄마가 아닌 인간으로 살고 싶단다.
엄마한테 효도하는 아내를 원하지 말아라.
네 효도는 너 잘사는 걸로 족하거늘….

네 아내가 엄마 흉을 보거든
네 속상한 거 충분히 이해한다.
그러나 그걸 엄마한테 옮기지 말아라.
엄마도 사람인데 알고 기분 좋겠느냐.
모르는 게 약이란 걸
백번 곱씹고 엄마한테 옮기지 말아라.

아들아! 내 사랑하는 아들아!
나는 널 배고 낳고 키우느라 평생을 바쳤거늘
널 위해선 당장 죽어도 서운한 게 없겠거늘…
네 아내는 그렇지 않다는 걸 조금은 이해하거라.
너도 네 장모를 위해서 네 엄마만큼은 아니지 않겠니?
혹시 어미가 가난하고 약해지거든 조금은 보태주거라.
널 위해 평생 바친 엄마가 아니냐.
그것은 아들의 도리가 아니라, 사람의 도리가 아니겠느냐.
독거노인을 위해 봉사하는 사람들도 있는데,
어미가 가난하고 약해지는데
자식인 네가 돌보지 않는다면,
어미는 얼마나 서럽겠느냐.
널 위해 희생했다고 생각지는 않지만
내가 자식을 잘못 키웠다는 자책은 들지 않겠니?

아들아!
명절이나 어미 애비 생일은 좀 챙겨주면 안 되겠니?
네 생일 여태까지 한 번도 잊은 적 없이
그날 되면 배 아파 낳은 그대로
그때 그 느낌 그대로 꿈엔들 잊은 적 없는데,
네 아내에게 떠밀지 말고 네가 챙겨주면 안 되겠니?
받고 싶은 욕심이 아니라
잊혀지고 싶지 않은 어미의 욕심이란다.
어미에게 효도하길 바란다면
네가 먼저 네 장모에게 잘 하려무나.

네가 고른 아내라면
너의 고마움을 알고 내게도 잘 하지 않겠니?
난 내 아들의 안목을 믿는다.

딸랑이 흔들면 까르르 웃던 내 아들아!
가슴에 속속들이 스며드는 내 아들아!
그런데 네 여동생 그 애도 언젠가 시집을 가겠지.
그러면 네 아내와 같은 위치가 되지 않겠니?
항상 네 아내를 네 여동생과 비교해 보거라.
네 여동생이 힘들면 네 아내도 힘든 거란다.
내 아들아, 내 피눈물 같은 내 아들아!
내 행복이 네 행복이 아니라, 네 행복이 내 행복이거늘.
혹여 나 때문에 너희 가정에 해가 되거든 나를 잊어다오.
그건 어미의 모정이란다.
너를 위해 목숨도 아깝지 않은 어미인데
너의 행복을 위해 무엇인들 아깝지 않으리.
물론 서운하겠지, 힘들겠지, 그러나 죽음보다 힘들랴.

그러나 아들아!
네가 가정을 이룬 후에는 어미 애비를 이용하지 말아다오.
평생 너희 행복을 위해 바쳐온 부모다.
이제는 어미 애비가 좀 편안히 살아도 되지 않겠니?
너희 힘든 것 너희들이 알아서 살아다오.
늙은 어미 애비 이제 좀 쉬면서 삶을 마감하게 해다오.
너의 어미 애비도 부족하게 살면서 힘들게 산 인생이다.

174

그러니 너희 힘든 거 너희들이 헤쳐 가다오.
다소 늙은 어미 애비가 너의 기준에 미치지 못하더라도
그건 살아오면서 미처 따라가지 못한
삶의 시간이란 걸 너희도 좀 이해해다오.
우리도 여태 너희들 이해하기 위해 노력하지 않았니?
너희도 우리를 조금은 이해하기 위해 노력하면 안 되겠니?
잔소리 가치관이 너희들에게 이해되지 않는 부분들은
한 귀로 듣고 한 귀로 흘리렴.
우린 그걸 모른단다. 모르는 게 약이란다.

아들아!
우리가 원하는 건 너희의 행복이란다.
너희도 늙은 어미 애비의 행복을 침해하지 말아다오.
손자 길러 달라는 말 하지 말아라.
너보다 더 귀하고 이쁜 손자지만
매일 보고픈 손주들이지만,
늙어가는 나는 내 인생도 중요하구나.
강요하거나 은근히 말하지 말아라.
날 나쁜 시어미로 몰지 말아라.
내가 널 온전히 길러 목숨마저 아깝지 않듯이
너도 네 자식 온전히 길러 사랑을 느끼거라.

아들아!
사랑한다. 목숨보다 더 사랑한다.
그러나 목숨을 바치지 않을 정도에서는

내 인생도 중요하구나.
종교적인 이유로 너희들 몸이 잠시 편하자고
민족의 문화와 전통마저 바꿔가며
조상제사도 지내지 않는 자식으로 가르친 내가
훗날 무슨 낯으로 먼저 간 조상님들을 뵐 것인지
부끄럽기 한이 없다.

아들아!
끝으로 부탁한다.
좋은 생각으로 후회 없는 삶을 살거라.

어느 젊은 스님이 노스님에게 물었습니다.
"어떤 것이 신통입니까?"
"물 긷고 나무하는 것이니라."
"그런 것은 아무나 할 수 있는 것 아닙니까?"
"그렇지, 하지만 내 말뜻을 알려면 자네는 아직 멀었네."

어느 날, 저녁식사를 마치고 자리에서 일어나다가 갑자기
허리가 뻐근해집니다. 자고 일어나면 낫겠지, 대수롭지 않게
여겼는데, 웬걸, 아침에는 침대에서 일어나기조차 힘들어집니다.
세면대에서 허리를 굽혀 세수하기, 바닥에 떨어진 물건을 줍거나
양발을 신는 일, 기침을 하는 일, 앉았다가 일어나는 일이 더
이상 쉬운 일이 아니게 됩니다. 언제나 내 마음대로 될 줄 알았던
나의 몸이 이렇게 기습적으로 반란을 일으킬 줄은 예상조차 못했

는데, 나이는 어쩔 수 없습니다.

중국 속담이 있습니다. "기적은 하늘을 날거나 바다 위를 걷는 것이 아니라, 땅에서 걸어 다니는 것이다."

나이가 들어 죽음이 문턱에 오면 당황하게 됩니다. 정신이 오락가락하기 전에 유언장을 써놓는 것도 좋습니다. 자식들이 부모의 죽음에 당황하지 않도록 남은 식구들에게 남기는 말, 장례방법, 시신처리, 유산분배 등 조목조목 써넣는 것입니다. 또한 유언장을 글로 남기는 것도 필요하지만, 살아 있을 때 틈틈이 말로 전하는 것도 한 방법입니다. '내 아버지 어머니의 생각은 이렇구나.'하고 미리미리 엿보도록 하는 것입니다.

사전 유언장 작성법

① 성명
② 성별
③ 생년월일
④ 주소
⑤ 작성일
⑥ 작성 장소
⑦ 시신처리, 장례방법, 추모방법
⑧ 재산 및 물건처리 방법
⑨ 인생을 정리하며 스스로에게 하는 말
⑩ 사랑하는 가족에게 남기는 말

⑪ 누구에게든지 꼭 하고 싶은 말

이외에 자유롭게 자신이 남기고 싶은 말을 쓰면 됩니다. 반드시 자필로 기록하고 도장을 찍어야 유효합니다. (※ 이제는 스마트폰으로 동영상을 찍어 유언을 남겨도 유효합니다.)

존엄한 죽음을 위한 선언서(Living Will) / 예문

저는 제가 병에 걸려 치료가 불가능하고 죽음이 임박한 경우를 대비하여 저의 가족, 저의 치료를 맡고 있는 분들께 다음과 같은 희망을 밝혀두고자 합니다. 이 선언서는 저의 정신이 아직 온전한 상태에 있을 때 적어놓은 것입니다. 따라서 저의 정신이 온전할 때에는 이 선언서를 제 자신이 파기할 수도 있지만, 철회하겠다는 문서를 재차 작성하지 않는 한 유효합니다.
① 저의 병이 현대의학으로 치료할 수 없고, 곧 죽음이 임박하리라는 진단을 받은 경우, 죽는 시간을 뒤로 미루기 위한 연명조치는 일체 거부합니다. 예: 인공기계 호흡, 인공 영양공급, 혈액투석.
② 다만 저의 고통을 완화하기 위한 조치는 최대한 취해주시기 바랍니다. 이로 인해 마약 등의 부작용으로 죽음을 일찍 맞는다 해도 상관없습니다. 마약성분 진통제 사용하기.
③ 제가 몇 개월 이상, 이른바 식물인간 상태에 빠졌을

때, 생명유지를 위한 연명조치를 중단해 주시기 바랍니다.

이와 같은 저의 선언서를 통해 제가 바라는 상황을 충실하게 실행해 주신 분들께 깊은 감사를 드립니다. 아울러 저의 요청에 따라 진행된 모든 행위의 책임이 제 자신에게 있음을 밝히고자 합니다.

○○○○년　○월　○일

작성자 ○○○　　　　서명 (도장)

증　인 ○○○　관계　서명 (도장)

공증인 ○○○　　　　서명 (도장)

사전의료 지시서 / 예문

○○○ (성별 :　　　　주민등록번호 :　　　　)

현재 주소 :

상기인은 부득이한 사정으로 인해 나의 자의적인 의사표시가 불가능해질 경우를 대비하여, 내가 의식이 분명할 때 나를 치료하는 담당의사와 가족들에게 다음과 같은 '사전 의료 지시서'를 남기니 본인의 소망대로 실행해 주기 바란다.

① 내가 의식이 없는 상태가 되더라도 기도삽관, 기관지 절개술 및 인공기계 호흡 치료법은 시행하지 말 것.

② 내게 암성 질환에 대한 '항암 화학요법'이 필요하다는 의료진의 진단이 있더라도 항암요법은 시행하지 말 것. (의료요법에 대한 불신

때문이 아니라, 연령과 체력의 한계 때문임을 이해해 줄 것.)

③ 그 외에 인공영양 방법, 혈액투석 등의 치료술도 시행하지 말 것.

④ 탈수와 혈압 유지를 위한 수액요법과 통진 관리 및 생리기능 유지를 위한 완화 의료시행은 희망하며, 임종 시 혈압상승제 투여나 심폐소생술은 하지 말 것.

⑤ 그 외에 여기에 기술되지 않은 의료내용은 대한의학회에서 공인하고 있는 '임종환자 연명치료 중단에 관한 의료지침'에 따라 결정하고, 의료진과 가족 그리고 법의 집행인은 나의 이상과 소망과 환자로서의 권리를 존중해 주기 바람.

나는 이상의 '사전 의료 지시서'의 내용이 누구에 의해서도 변형되지 않기를 원하며, 이 선언이 법적인 효력을 유지하고 담당 의료진의 법적 면제와 보호조건을 구비하는 데 도움이 되기를 바란다.

○○○○년　○월　○일
작성자　　○○○　　　　　서명 (도장)
가족증인 ○○○　관계　　서명 (도장)
공증인　　○○○　　　　　서명 (도장)

임종 때 가족이 할 수 있는 일

대부분의 사람들은 부지불식간에 죽음을 맞이하게 되는데, 가까운 가족이나 친지들은 임종을 맞는 사람 앞에서 당황하게 됩니다. 이때 당황하지 말고 다음과 같이 해주면 산 사람은 죽어가는 사람을 바르게 제도할 수 있고, 죽어가는 사람은 평화스러운 마음으로 이승에서의 마지막 마음을 환희롭게 지녀 천상 내지는 극락으로 왕생할 인연을 지니게 됩니다.

임종이 가까워져 거의 의식이 없을 무렵 제7말나식(분별하기 이전의 분별식)이 되살아납니다. 그래서 임종하는 사람의 주변에서는 나쁜 소리와 마음에 없는 소리, 서로 이간질하는 소리, 간사한 소리 등을 하지 말아야 합니다. 집안 걱정이나 재산분배 문제, 그밖의 불평불만이나 슬픈 말을 하거나 울면, 마지막 가는 길에 애착, 집착, 탐착심으로 몸은 떠나도 영혼은 떠나지 못하고 살아 있는 사람의 주변에서 맴돌게 됩니다. 임종하는 사람과 그 동안에 잘못이 있으면 용서를 빌어야 합니다.

아버지나 어머니가 돌아가실 지경에 이르렀다면, 자식은 아버지 어머니의 손을 잡고 "아버님(어머님), 제가 잘못했습니다. 용서해 주십시오."하고 진실한 마음으로 구체적으로 잘못한 것을 말하면서 참회해야 합니다.

"아버님(어머님), 저희들은 아버님(어머님) 말씀에 따라 형제 간에 우애하고 화목하게 잘 살겠습니다. 걱정하지 마시고 편히 잠드십시오."

마지막 가는 길을 이런 식으로 편히 보내 드리면 돌아가시는 분이나 남은 사람들 모두가 새 출발을 하는 분위기가 될 수 있습니다.

임종하는 분이 평소에 독경을 열심히 법답게 수행한 사람이라도 운명할 때는 가족, 친지들이 옆에서 함께 염불과 독경을 함께 해주는 것이 매우 유리합니다. 염불이나 독경을 하지 아니한

자에게는 염불과 독경을 해주는 것이 더욱 중요합니다. 본인이 염불이나 독경을 희망하거나 반대하지 않을 때는 가족, 친지, 친구들이 조를 이루어 매일 교대로 염불이나 독경을 하여 염불과 독경 소리가 임종하는 사람의 귀에 끊이지 않고 들리도록 해줍니다. 그리고 본인이 염불과 독경을 싫어하거나 반대한다면, 염불과 독경을 하는 것이 크게 이익 됨을 간절히 설명해 주고, 그래도 싫어하면 금강념(金剛念 : 소리 내지 않고 입만 움직여 속으로 염불하는 것)이나 묵념(默念 : 속으로 염불하는 것)을 운명할 때까지 하는 것이 좋습니다.

　임종하는 사람이 마지막 호흡을 가다듬을 때는 절대로 울거나 몸을 건드리지 말고, 오로지 이제 한 많고 고생 많은 이곳을 떠나 좋은 세상으로 영전하여 떠나는 사람을 환송하는 기분으로 열심히 아미타불을 소리 높이 부릅니다. 숨이 끊어진 뒤에 시끄러이 애고애고 울거나, 옷을 갈아입히거나, 손발을 모으거나, 몸을 움직여서는 안 됩니다. 신식(身識)이 다 떠나간 뒤 약 8시간 뒤에 행해야 합니다. 왜냐하면 몸의 한곳에라도 온기가 남아 있으면 신식이 아직 다 떠난 것이 아니라, 아직 지각은 남아 있어 자칫 귀찮은 마음이 생겨 성이라도 내게 되면, 성내는 마음이 나쁜 파장을 따르게 되어 나쁜 갈래에 떨어지기 쉽습니다.

　이때에 가장 이익이 되는 길은 염불, 독경입니다. 떠드는 소리나 망자를 건드리는 것은 왕생극락에 방해가 됩니다. 망인이 운명하자 곧 손발을 거두고 손목을 묶어서 염할 때까지 두는 경우가 있습니다. 운명을 다한 시체를 그대로 두면 골절이 굳게 되어 염하기 불편하고, 또 자손된 도리로 남 보기가 민망하다고 하여 그렇게 하는데, 이는 오직 산 자만의 체면이나 전통만을 중시하여 행하는 일이며, 망인에게는 하등의 도움이 안 되고, 오히려 해(害)만을 자초하는 일입니다.

설사 굽게 되더라도 염불이나 반야심경을 독경하면서, 몇 번이고 망자의 굽은 부분을 어루만지면서 펴게 되면, 대부분의 경우 그리 어렵지 않게 펴집니다. 급한 죽음을 한 경우에는 잘 펴지지 않을 수도 있는데, 이때는 뜨거운 물에 수건을 담갔다가 습부를 한 후에 펴주면 됩니다.

흔히들 염할 때에 금강경 탑다라니, 천수경 탑다라니 등을 넣어서 망인이 다라니 공덕으로 좋은 곳에 태어나기를 원합니다. 여기에 광명진언(光明眞言)을 모래에 108번 외워서 이 모래를 죽은 이의 시신이나 무덤 위에 뿌려주면 모든 죄가 소멸되어 왕생극락한다고 합니다.

죽은 뒤 칠칠(49日) 일 안에 여러 가지 좋은 공덕을 망인을 위하여 지어 주면, 망인으로 하여금 영원히 나쁜 곳을 여의게 하고, 인간계나 천상에 태어나 아주 좋은 낙을 받게 하고, 또 산 사람도 그 이익이 한량없게 됩니다. 그리고 또 임종 후에 망인을 위해 칠칠 일간 반야심경, 법성계, 신묘장구대다라니, 광명진언을 매일 한편씩 써서 망인의 이름을 넣고 극락왕생을 기원하는 발원문을 써서 불살라 주면 망인의 왕생극락에 도움이 됩니다.

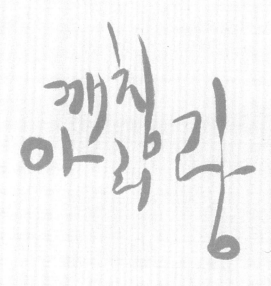

일곱 번째 마당

사찰 예절

중생도 부처님과 똑같은 지혜와 덕을 갖춘 자성광명체가 있습니다.
다만 번뇌의 구름에 가리워 무명의 어둠 속에서 생사윤회를 하고
있는 것뿐입니다. 누구든지 참선, 염불, 주력 등의 수행으로 번뇌를
조복하여 자성을 깨달으면 생사윤회에서 해탈할 수 있습니다.

부처님께서 말씀하셨습니다. "선남자야, 누가 가장 높고
착한 이인가? 먼저 부처님과 법을 믿어야 하며, 믿는 것에
그치지 말고 절에 가야 하며, 배운 대로 행해야 하며, 자기만의
해탈을 구하지 말고 대승에 회향하여 일체 중생을 이익하고
안락하게 하느니라. 이런 이가 가장 높고 착한 이니라."

『대반열반경』 범행품

사찰에 들어갈 때 제일 처음 만나게 되는 것이 일주문(一柱門)
입니다. 일주문은 절의 경내를 의미하는 경계문으로 한 줄로
늘어서 있다고 하여 일주문이라고 부릅니다. 한 줄의 기둥은
세속의 번뇌로 흐트러진 마음을 사찰에 들어서면서 하나로 모아
진리의 세계, 즉 불국토에 들어가는 것을 상징합니다. 일주문을
지나면 금강문(金剛門)에 이르게 됩니다.

금강문은 금강신(金剛神), 금강역사(金剛力士) 또는 인왕(仁王)이라고 부르는 호법신장을 모신 문으로, 인왕문(仁王門)이라고도 합니다. 금강역사는 여래의 온갖 비밀 사적(事迹)을 알고 5백 야차신을 지배하며, 이들 신들을 시켜 현겁(賢劫) 천불(千佛)의 법을 수호하는 두 신으로, 모두 전신을 벗은 허리에 옷을 걸쳤고 용맹스럽고 험상궂은 얼굴로 두 주먹을 불끈 쥐고 있습니다. 왼쪽(대웅전 중심) 밀적 금강역사, 오른쪽을 나라연 금강역사가 문 입구에 떡 버티고 서 있습니다.

이렇게 험악한 상호를 한 신장을 절집 입구에 배치하는 이유가 있습니다. 불교에서는 깨달음을 얻기 위하여 방편을 사용하는데, 중생의 근기(根機)에 따라 덕으로 수용하는 섭수법(攝受法)과 강제로 감화시키는 절복법(折伏法)이 있습니다. 신장들은 덕으로 수용되지 않는 중생을 무력으로 강제하여 악을 제어하는 역할을 합니다. 사악한 무리는 강한 힘으로 조복받고 그렇지 않는 중생들은 지혜와 덕으로 교화합니다. 그래서 문안 왼쪽에는 지혜를 상징하는 문수보살이 청사자를 타고 중생들에게 바른 지혜를 가르치고, 문안 오른쪽에는 덕행을 상징하는 보현보살이 코끼리를 타고 원만행(圓滿行)을 보이고 있습니다.

금강문을 지나면 사천왕문(四天王門)에 이르게 됩니다.

사천왕은 불법승 삼보를 외호하는 신장입니다. 동쪽을 수호하는 지국천왕(持國天王)은 온몸에 푸른색을 띠고 비파를 들고 있으며, 건달바, 부단나 두 신을 지배하여 착한 이에게 복을 주고, 악한 이에게 벌을 주는 치국안민(治國安民)의 신장입니다.

남쪽을 수호하는 증장천왕(增長天王)은 붉은 얼굴에 손에 칼을 들고 구반다, 폐려다 두 신을 지배하며, 자신의 위덕(威德)을 증장(增長)시켜 만물을 소생시키는 덕을 베풀어 중생의 삶에 이로움을 많이 가져다주는 신장입니다. 서쪽을 수호하는 광목천왕(廣目天王)은 흰색 얼굴에 오른손에는 황룡(黃龍)을 틀어쥐고, 왼손에는 여의주(如意珠)를 들고 있습니다. 용, 비사나 두 신을 지배하며 큰 눈으로 세상을 두루 살펴 인간이 행하는 일의 뿌리를 꿰뚫어 보는 신통력이 있는 신장입니다. 북쪽을 수호하는 다문천왕(多聞天王)은 검은색을 띠고 있으며, 야차, 나찰, 두 신을 지배하며 삼지창이 달린 당(幢)과 보탑(寶塔)을 들고 있습니다. 부처님 말씀과 세간사(世間事)를 많이 듣고, 두루두루 깊이 살피는 신장입니다. 이들 사천왕들은 모두 도리천의 주(主) 제석천왕(帝釋天王)의 명을 받아 4천하를 돌아다니면서 사람들의 동작을 살펴 이를 보고합니다.

사천왕문을 통과하면서 사량분별심과 삿된 소견을 버려 굳은 신심과 더욱 경건한 마음으로 다음 불이문(不二門)에 들어가게 됩니다. 불이문을 달리 해탈문(解脫門)이라고도 합니다. 불이(不二)는 절대평등의 경지를 말하는 것으로, 유마경에 나오는 문구입니다.

문수보살은 문병하기 위해 여러 대중과 함께 유마거사에게 가서 거사에게 물었습니다. "거사님, 거사님의 병은 어째서 생겼으며, 얼마나 오래 되었으며, 어떻게 하면 나을 수 있

중국 조계산 남화사의 사천왕상	북방 다문천왕	동방 지국천왕
	서방 광목천왕	남방 증장천왕

있겠습니까?"

유마거사가 대답했습니다. "내 병은 대비심(大悲心)에서 생겼고, 중생이 앓으므로 나도 앓고 있습니다. 중생의 병은 무명(無明)으로부터 애착이 일어 생겼고, 중생의 병이 없어지면 내 병도 없어질 것입니다."

이렇게 문수보살과 유마거사의 문답이 시작되는데, 유마거사는 같이 간 보살들에게도 질문을 합니다. "여러분, 보살은 어떻게 해사 차별을 떠난 절대평등의 경지[不二法門]에 듭니까? 생각한 대로 말씀해 주십시오."

여러 보살들이 절대평등의 경지를 각각 생각대로 말합니다. 생(生)과 멸(滅)이 없는 것, 선행(善行)과 악행(惡行)이 없는 것, 나와 남을 구별함이 없는 것, 취하고 버림이 없는 것, 어둠과 밝음이 없는 것, 열반을 바라는 것과 세간을 싫어함이 없는 것, 정도(正道)와 사도(邪道)가 없는 것, 진실과 허위가 없는 것…. 이와 같이 여러 보살들이 한마디씩 생각한 대로 말하고 나자 문수보살이 마지막으로 말합니다. "내 생각으로는 모든 것에 대해서 말도 없고, 말할 것도 없으며, 가리킬 것도 없으며, 식별할 것도 없으며, 일체의 질문과 대답을 떠난 것, 이것이 절대평등의 경지에 드는 것이라 하겠습니다."

그렇게 말한 후 문수보살은 유마거사에게 묻습니다. "우리들은 각자 생각한 바를 말했습니다. 이제는 거사님의 차례입니다. 어떻게 하여 보살은 절대평등의 경지에 들어갑니까?"

이때 유마거사는 침묵한 채 아무 말이 없었습니다. 이것을 지켜본 문수보살은 감탄하여 말했습니다. "훌륭합니다! 참으로 훌륭합니다! 문자나 말 한마디 없는 이것이야말로 참으로 절대평등의 경지에 드는 것입니다."

절대평등의 경지는 부처님의 경지입니다. 절대평등의 경지인 불이문(不二門)을 통과하면 부처님이 계시는 대웅전에 들어갈 수 있습니다.

대웅전(大雄殿)은 절의 중심 전각으로, 가운데 모시는 본존불(本尊佛)을 따라 전각의 명칭이 달라질 수 있습니다. 석가모니불을 모시면 대웅전, 대웅보전, 비로자나불을 모시면 대적광전, 아미타불을 모시면 극락전 등입니다.

부처님은 큰 영웅(英雄)입니다. 어째서일까요? 법구경에 이런 게송이 있습니다.

"전쟁에서 수천의 적과
단신으로 싸워 이기는 것보다도
자기 자신을 이기는 사람,
그가 참으로 으뜸가는 영웅이다."

대웅전으로 들어가는 문은 여러 개가 있습니다. 정면에 어간 문이 있고 좌우 양측에도 문들이 있으며, 좌우 측면에도 문이 하나씩 더 있는 것이 우리나라 대웅전의 일반적 구조입니다. 신도들이 대웅전에 들어갈 때는 보통 어간문을 피하고 좌우 옆문을 이용합니다. 대웅전 왼쪽(부처님 중심) 옆문으로 들어갈 때는 왼발을, 오른쪽 옆으로 들어갈 때는 오른발을 먼저 들여놓습니다. 왜냐하면 부처님을 가슴으로 안고 들어가야 하기 때문입니다.

어떤 사람은 법당에 들어갈 때 신발을 바깥쪽으로 향하기 위하여 뒤돌아 들어가거나 신발은 바깥쪽으로 돌려놓고 들어가는 사람이 있습니다. 이것은 우리나라 문화가 아니고 일본문화입니다. 일본사람은 밖에서 집안으로 들어갈 때 섬돌 위에서 뒤돌아 마루로 올라갑니다. 그러나 우리나라 선조들은 특별한 경우가 아니면 신발을 바깥쪽으로 향하여 놓지 않습니다.

사랑채에 남자주인의 벗이 와서 여러 날을 가지 않고 밥만 축내는 귀찮은 객이 있게 되면, 누군가 객의 신발을 바깥쪽으로 돌려놓습니다. 그러면 객은 "이 집을 떠나 주십시오."라는 사인으로 알고 지체 없이 떠나는 것이 예의입니다. 또 안채에 안주인의 귀찮은 손이 여러 날을 가지 않을 때에도 누군가가 신발을 돌려놓습니다. 또 산모가 어린애를 낳기 위하여 산실에 들어갈 때 신발을 돌려놓는데, 그 의미는 아마 어린애를 순산하고 밖으로 빨리 나오라는 뜻인 듯합니다.

사람이 죽어 초상이 나면 저승 사자밥을 지어 대문 밖에 짚을 깔고 노자돈도 함께 놓는데 이때 짚신을 대문 바깥쪽으로 향하게 놓습니다.

　대웅전 안에는 전면에 불보살님을 모신 상단(上壇), 좌측에 신중(神衆)을 모신 중단(中壇), 우측에 영가를 모신 하단(下壇)이 있습니다.

　법당에 들어서면 상단의 부처님을 향하여 합장하고 반배를 올립니다. 공양물을 올리거나 참배하기 위해 움직일 때는 합장한 자세로 조용히 걸어야 합니다.

　부처님 전에 이르러 촛불을 켭니다. 촛불은 반야지광등(般若智光燈)입니다. 반야는 지혜를 뜻하고, 지혜는 광명입니다. 번뇌는 무명(無明)이며, 무명은 어둠입니다. 어둠을 밝히려면 등불이 있어야 합니다. 중생도 부처님과 똑같은 지혜와 덕을 갖춘 자성광명체(自性光明體)가 있습니다. 다만 번뇌의 구름에 가리워 무명의 어둠 속에서 생사윤회를 하고 있는 것뿐입니다. 누구든지 참선, 염불, 주력 등의 수행으로 번뇌를 조복하여 자성(自性)을 깨달으면 생사윤회에서 해탈할 수 있습니다. 불자들은 촛불을 밝혀놓고 지극한 마음으로 이렇게 발원합니다.

　　"일심정례 예경(禮敬)하옵고 지극한 정성으로 반야지광등(般若智光燈)을 올립니다. 이 촛불은 무명의 밤을 밝혀주는 반야지광등이 되어 법계에 두루 비추고 모든 중생들이 각자 자성광명등(自性光明燈) 불을 밝혀 위없는 대도(大道)를 깨달아 생사윤회에서 해탈하게 하소서! 원하옵건대, 부처님이시여, 이 공양을 받아주소서."

다음에는 향(香)을 올립니다. 부처님전에 올리는 향은 해탈지견향(解脫知見香)입니다. 향을 올릴 때는 오른손으로 향의 중간을 잡고, 왼손으로 오른 손목을 받쳐 잡고, 촛불에 대고 불을 붙입니다. 향을 이마 높이로 올려 경건한 마음으로 예를 표한 뒤 향로 중앙에 반듯하게 꽂습니다.

중생은 나[我]와 내 것[我所]이라는 집착에 의하여 번뇌를 일으켜 아상(我相)이라는 벽돌을 쌓아 스스로 좁은 공간을 만들고 거기에 갇혀 웅크린 채 떨고 있습니다. 오욕의 사슬에 걸려 소용돌이치는 분노와 질투의 악취가 오탁악세 중생의 마음에 가득합니다. 이런 오탁악세의 악취를 계향(戒香), 정향(定香), 혜향(慧香)으로 중생의 마음을 정화하여 맑고 고요해져 대해탈을 성취케 하는 것이 해탈지견향입니다. 부처님전에 올려놓고 합장하여 발원합니다.

"일심정례 예경하옵고 지극한 정성으로 해탈지견향(解脫知見香)을 올립니다. 계향, 정향, 혜향의 참다운 향기 법계에 두루 퍼져 이 향기를 맡은 중생들은 탐진치로 생긴 마음속 오욕의 악취가 소멸하여 모두 대해탈의 즐거움을 얻게 하소서! 원하옵건대, 부처님이시여, 이 공양을 받아주소서."

다음에는 차를 올립니다. 부처님 전에 올리는 차는 감로제호다(甘露醍醐茶)입니다. 감로(甘露)는 천상(天上)의 불로불사(不老不死)의 단 영액(靈液)이라고 하며, 그 맛이 꿀같이 달다고 감로라

불리우며, 최고의 경지, 깨달음, 니르바나(열반)를 의미합니다. 제호(醍醐)는 히말라야 산에서만 나는 비니초라는 풀을 먹고 자란 양의 젖을 짜서 만든 발효식품으로, 맛이 최고이면서도 만병을 치료하는 양약(良藥)이라고 하며, 불성(佛性) 혹은 니르바나(열반)를 의미합니다.

스님들은 매일 새벽마다 부처님 전에 차를 다려 올릴 수가 없어서 청정수(淸淨水)를 올려놓고 게송을 읊습니다.

我今淸淨水 變爲甘露茶 奉獻三寶前 願垂哀納受
제가 올리는 청정수가 감로차로 변하여
삼보님 전에 올리오니 어여삐 여기시어 받아주소서.

부처님전에 차를 올려놓고 발원합니다.

"일심정례 예경(禮敬)하옵고, 지극한 정성으로 감로제호다(甘露醍醐茶)를 올립니다. 청정한 차를 공양하오니, 이 공덕 무량하여, 선정의 맑은 차에 지혜 광명 드리우사 법계 중생에게 베푸시어 마시는 자마다 선정을 얻어 성불하여지이다. 원하옵건대, 부처님이시여, 이 공양을 받아주소서."

다음에는 쌀을 올립니다. 부처님전에 올리는 쌀은 법희선열미(法喜禪悅米)입니다. 법희선열이란, 부처님의 교법을 듣고 즐거워하며, 선정(禪定)으로써 심신이 안락하고, 혜명(慧命)을 자익(資

益)하게 하여 깨달음을 성취하는 즐거움입니다.

중생은 재물과 명예, 사랑 등 오욕에 굶주리고 있습니다. 중생이 오욕에 굶주리는 마음을 비우고, 만족을 알아, 헐떡거림을 쉬어 선정을 얻어 깨달음을 바라는 마음으로 법희선열미를 올립니다. 부처님전에 쌀을 올려놓고 발원합니다.

"일심정례 예경(禮敬)하옵고, 지극한 정성으로 법희선열미(法喜禪悅米)를 올립니다. 중생은 애착 때문에 생긴 탐진치 어두운 마음으로 삼계 고해에서 괴로움을 받고 있습니다. 부처님이시여, 저희가 올리는 이 공양을 받으시고, 법계 모든 중생들이 탐진치 삼독심을 버리고 또 버리어, 한 티끌도
없이 허공처럼 비워, 법희선열을 얻게 하여 주옵소서. 원하옵건대, 부처님이시여, 이 공양을 받아주소서."

다음에는 부처님전에 꽃을 올립니다. 부처님전에 올리는 꽃은 실상묘법화(實相妙法花)입니다. 실상(實相)은 진리의 본성, 진리의 참모습이며, 묘법(妙法)은 심원미묘(深遠微妙)한 부처님의 교법(敎法)을 말합니다.

부처님께서 영산회상에서 꽃을 들어 실상묘법(實相妙法)을 보이자, 가섭존자만이 그 소식을 알고 미소를 지었으며, 나머지 대중은 업식(業識)에 가리워 알지 못했습니다.

불교를 상징하는 연꽃은 비록 더럽고 냄새나는 시궁창 같은 연못 진흙 속에서 솟아나지만 진흙이나 더러운 물이 묻지 않고 허공에 핍니다. 연꽃처럼 우리의 자성자리는 비록 오욕에 찌들린 중생의 마음 가운데에 있지만 조금도 물들지 않고 항상 청정합니다. 무명번뇌가 다해 본래 청정한 본인의 자성(自性)을 깨닫게 되면, 영산회상에서 부처님이 들어 보이신 실상묘법의 도리를 체득하게 됩니다. 부처님전에 꽃을 올려놓고 지극한 마음으로 발원합니다.

"일심정례 예경하옵고 지극한 정성으로 실상묘법화(實相妙法花)를 올립니다. 영산회상에서 부처님께서 꽃을 들어 실상묘법을 보이셨지만 저희 중생들은 무명업식에 가리워 그 진리를 체득치 못하고 오욕진로(五慾塵勞)에 찌들어 생사고해에 헤매고 있습니다. 부처님이시여! 저희가 올리는 이 꽃이 실상묘법화가 되어 보는 이마다 지혜의 눈이 열려, 부처님께서 꽃 든 도리를 깨닫고 실상묘법을 체득하여 생사윤회를 벗어나게 하옵소서. 원하옵건대, 부처님이시여, 이 공양을 받아주소서."

다음에는 부처님전에 과일을 올립니다. 부처님전에 올리는 과일은 원증불지과(圓證佛地果)입니다. 원증불지(圓證佛地)란, 유루복(有漏福)과 무루복(無漏福), 복덕과 지혜를 쌍으로 닦아 원만히 구족하여 깨달아 증득해 불지(佛地)에 오르는 것을 말합니

다. 엄동설한의 매서운 추위와 여름 삼복의 불볕더위를 이겨낸
나무일수록 가을에 향기롭고 맛있는 과일을 맺듯이, 어려운 수행
의 고난을 이겨낸 수행자만이 큰 깨달음의 기쁨을 얻습니다.
부처님전에 과일을 올려놓고 지극한 마음으로 발원합니다.

"일심정례 예경하옵고, 지극한 정성으로 원증불지과(圓
證佛地果)를 올립니다. 이차 인연공덕으로 원증불과를
증득케 하옵고, 법계에 널리 베풀어 이 과일을 먹는 자는
모두 무상정등각을 이루어 부처님 혜명(慧命)을 이어서
모든 중생을 제도하여 부처님의 은혜를 갚도록 하옵소서!
원하옵건대, 부처님이시여, 이 공양을 받아주소서."

위의 여섯 가지 초, 향, 차 쌀, 꽃, 과일 공양을 육법공양(六法
供養)이라고 합니다. 육법공양을 육바라밀로 비유하기도 합니다.
보시는 쌀, 지계는 향, 인욕은 꽃, 정진은 과일, 선정은 차, 지혜는
초입니다.

공양물을 불전에 올려놓고 합장하고 서서 반배를 한 뒤 오체
투지 예배(禮拜)를 올립니다. 합장(合掌)은 일심귀의(一心歸依)를
의미합니다. 합장은 두 손바닥을 마주대어 합하는 것을 일컫는데,
마주닿은 손바닥 사이에 틈이 있거나, 손가락 사이가 벌어지지
않도록 해야 합니다. 두 손을 모아 마주하는 것은 마음을 일심(一
心)으로 모은다는 뜻이며, 나와 부처가 둘이 아닌 하나의 진리로
합쳐진 귀의처(歸依處)를 뜻합니다.

부처님전에 일심귀의로 오체투지 예배를 드립니다. 오체투

지(五體投地)는 양팔과 양무릎과 머리를 땅에 대고 예배드리는 의식으로, 온몸을 땅에 던져 절을 하면서 공경하는 이를 마음속 깊이 받드는 최상의 예경(禮敬) 표시입니다. 예배(禮拜)의 예(禮)는 진성공경(眞性恭敬)이요, 배(拜)는 무명굴복(無明屈伏)입니다. 진성공경(眞性恭敬)은 모든 중생의 본성인 본래 청정하여 물듦이 없는 진여자성(眞如自性)을 깨달아 자성을 여읜 바 없이 항상 지혜 속에서 수용하는 일상을 말합니다. 무명굴복(無明屈伏)은 무명으로 일어나는 번뇌를 굴복하여 본래 청정한 진여자성을 깨닫는 것을 말합니다.

부처님전에 예경(禮敬)이 끝나면 다음은 신중(神衆) 전에 예경합니다. 신중단(神衆壇)은 호법신장님들을 모시는 단으로 중단(中壇)이라고 말합니다. 신중단에는 삼주호법 동진보살을 중심으로 대범천왕·제석천왕·사왕천왕 등의 성중과 천·용·야차·건달바·아수라·긴나라·가루라·마후라가 등 팔부신장과 북두대성 칠원성군·산신·조왕신 등 104위 호법신장을 모시는 단입니다. 이 신중님들은 부처님전에 서원하기를 불·법·승 삼보를 옹호하되 삼보님께 절을 받지 않을 것이며 부처님전에서 퇴공한 공양물을 받겠다고 하였습니다. 그래서 아침 저녁 예불 시에는 스님들은 오체투지 절을 하지 않고 반야심경만 독송합니다. 사시불공 때는 부처님전에 올린 공양물을 퇴공하여 올립니다. 스님들이 신중단에 오체투지 큰절을 하지 않는다고 신도들도 오체투지 큰절을 하지 않는 것은 옳지 않습니다.

또 법당 안에는 영가(靈駕)를 모시는 영단(靈壇)이 있습니다.

아미타여래영도 또는 감로탱화가 모셔져 있는 영단은 49제, 천도제 또는 기제사를 지내는 단으로 하단(下壇)이라고 말합니다. 영가전에 절을 할 때는 유교식 절을 하지 말고 불교식 오체투지로 3배를 합니다.

  이렇게 대웅전 안 각단 참배를 하고 난 뒤 참배하는 사람이 없을 때는 촛불을 끄고 나와야 합니다. 촛불을 끌 때는 손이나 촛불을 끄는 도구를 사용하고 입으로 불어 끄지 않는 것이 예의입니다.
  촛불이나 청정수를 올릴 때는 상단인 부처님전부터 시작하여 중단인 신중단, 하단인 영단 이런 순서로 하고, 반대로 촛불을 끄거나 청정수를 거두어들일 때는 하단부터 시작하여 중단, 상단 순서로 합니다. 이것은 종체기용(從體起用), 섭용귀체(攝用歸體)를 뜻하는 것입니다. 종체기용(從體起用)은 근본을 좇아서 모든 작용이 일어난다는 뜻이고, 섭용귀체(攝用歸體)는 모든 작용이 거두어져 근본으로 돌아간다는 뜻입니다. 이것은 우주법계의 질서요, 삼라만상의 생(生)하고 멸(滅)하는 연기(緣起)의 법칙입니다. 이 원리는 절집 생활 법칙에 여러 모로 적용되고 있습니다. 예를 들면, 새벽예불은 체(體)인 대웅전에서부터 시작하여 관음전, 명부전, 삼성각 등 하단으로 끝을 맺고[從體起用], 저녁예불은 하단인 삼성각부터 시작하여 명부전, 관음전, 대웅전에서 끝맺습니다[攝用歸體]. 또 스님들이 발우공양을 할 때, 제일 먼저 천수(千手) 물 돌릴 때, 체(體)인 어간 큰스님부터 시작하여 하판인 탁자밑 사미승에서 끝나고[從體起用], 공양을 마치고 바루를 씻은 천수물을 거두어들일 때는, 맨끝 하판인 탁자밑 사미승에서 시작하여 어간 큰스님에서 끝납니다[攝用歸體].

대웅전 참배가 끝나고 촛불을 끈 다음 나올 때에도 들어갈 때와 마찬가지로 합장한 자세로 들어간 문에 와서 상단의 부처님전에 합장 반배 한 후 뒷걸음으로 문을 나옵니다. 대웅전을 나와서는 관음전, 지장전, 삼성각을 두루 참배하고 또 탑을 참배합니다. 탑을 돌 때는 시계바늘이 도는 방향인 오른쪽 방향으로 합장하고 돕니다. 오른쪽으로 도는 것은 존경의 뜻이지만, 뒷짐지고 돌거나 왼쪽으로 도는 것은 멸시하는 뜻이 있으니, 각별히 유념하여 실례를 범해서는 안 되겠습니다. 다만 선방에서 좌선하다가 중간 보행을 할 때에는 왼쪽으로 돕니다. 그 뜻은 깨닫기 이전은 망(忘)이기 때문에 모두 다 뭉개버리고 철저히 다 비운 뒤에야 참이 있기 때문입니다.

부처님전에 초, 향, 차, 쌀, 꽃, 과일 등 공양물을 올릴 때는 오른손을 써야 합니다. 오른손은 존경의 뜻이 있고, 왼손은 멸시의 뜻이 있기 때문입니다. 그러나 염주를 돌릴 때에는 왼손으로 돌립니다. 108염주의 108이라는 숫자는 중생의 번뇌를 상징합니다. 백팔번뇌의 108이라는 숫자는 중생의 번뇌가 육근(六根: 眼, 耳, 鼻, 舌, 身, 意)으로 육진(六塵: 色, 聲, 香, 味, 觸, 法)을 대할 때 저마다 호(好), 오(惡), 평등(平等)의 세 가지가 서로 같지 않아서 18번뇌를 일으키고, 또 낙(樂), 고(苦), 사(捨)의 3수(受)가 있어 18번뇌를 내니, 모두 합하여 36종, 또 이를 3세(三世: 과거,

현재, 미래)를 곱하면 108번뇌가 됩니다. 번뇌는 존경의 대상이 아니고, 부처님 명호를 부르며 정화해야 하기 때문에 왼손으로 돌립니다.

예절과 법도, 그리고 사찰의 건물 및 조형물의 의미를 알고 참배를 하면 신심이 더욱 돈발할 것입니다. 이 외에도 불자들이 알아야 할 부처님 상호 및 수인, 법구(法具) 및 벽화 등 여러 가지가 있습니다. 또 참배하고자 하는 사찰의 창건 설화 및 전설, 그리고 그 사찰이 가지고 있는 국보 및 보물을 알고 간다면 더욱 알찬 참배가 될 것입니다.

여덟 번째 마당

한국불교의 고난사

왜장은 사명대사의 당당한 기상과 고고한 품격, 높은 학식에
존경심이 우러났습니다. 대사가 3년 동안 일본에 머물면서 훌륭한
수행과 도력을 보이자, 감동한 그들은 3,500명의 피로인을 조선
으로 데리고 가도록 허락하였습니다.

고려는 불교가 국교이므로 국민들 대부분이 불교신자였습니다. 불교가 국교이기 때문에 관혼상제뿐만 아니라 사회제반 제도가 불교식이었으며, 불교의 평등사상의 영향으로 남녀가 동등한 권리를 누렸습니다. 부모의 재산 상속도 장자, 차자, 아들, 딸 차별 없이 평등하게 분배했으며, 부모님 제사도 아들, 딸 차별 없이 돌아가며 지냈습니다. 결혼도 남자가 먼저 여자 집에 장가를 가서 3년 이상 처가살이를 했기 때문에 '장인의 집에 가서 산다'는 뜻으로 '장가'라 하였습니다. 그 뒤 여자가 시댁으로 돌아오는 것을 '시집 간다'고 했습니다. 불교행사 때 젊은 남녀가 자연스럽게 만나게 되어 연애결혼을 하는 경우도 적지 않았고, 부부간에 이혼도, 재혼도 허용되었으니, 열린 사회였습니다.

　　승려들에게는 군복무의 의무가 면제되었으며, 사찰에는 세금이 부과되지 않았습니다. 국가에서는 승려를 국사(國師)로 모시어 국가의 크고 작은 문제를 자문 받았으며, 국사와 함께 왕사(王師)를 따로 두어 왕으로서 갖추어야 할 자질을 배우게 하기도 했습니다. 이렇게 승려들이 국가에서 최고의 대접을 받았기에 그 시대 사내들은 승려가 되는 것을 가문의 영광으로 여겨서 너나없이 승려가 되고자 했습니다.

그러나 국가 전체로 보면 노동력 부족과 가문의 절손, 남녀 결혼의 불균형 등 사회적 문제가 생길 수가 있어서, 국가에서는 한 가정에 세 명 이상의 아들이 있을 경우 그 중 한 사람만 승려가 되도록 허용했습니다. 고려 말에는 승려들의 지위가 너무 향상되어 불교 자체가 부패하게 되었습니다. 국사와 왕사는 지위를 남용하여 정치계의 인사권에 개입하곤 하였고, 그에 따라 불이익을 받은 사대부들로부터 지탄을 받았습니다. 국사나 왕사가 유고시에 불교계에서는 그 자리를 두고 종파 간에 치열한 분쟁을 일으키곤 했습니다.

중국의 전통 선맥을 이은 선종(禪宗)인 조계종(曹溪宗)과 교종(敎宗)인 천태종(天台宗), 티베트에서 들어온 밀교(密敎)인 유가종(瑜伽宗)의 갈등은 공민왕 때에 극에 달했습니다. 새로운 국사를 모시게 될 때는 승려들뿐만 아니라 사대부들도 줄서기로 패가 갈려 정치적 갈등이 극심했습니다. 후보자 중 한 스님이 국사로 결정되면, 다른 후보들을 지지한 사대부들과 종단의 승려들이 불이익을 받았습니다.

이렇게 불교가 종파와 종파 간에 투쟁을 하고, 사대부들도 불교로 인하여 분당이 생기고 갈등이 심했습니다. 이러한 소용돌이 속에서 태고 보우국사는 한때 감금을 당했고, 나옹 왕사는 귀양을 가다가 여주 신륵사 남한강 강변 바위 위에서 세상을 한탄하면서 단정히 앉아 열반에 드셨습니다. 공민왕의 총애를 받은 밀교 유가종 신돈의 횡포로 인해 사대부와 지식인들은 불교에 실망하고 분노하게 되었습니다. 그리하여 고려사회의 지식인이었던 사대부들은 불교가 백성의 심성을 정화하고 안정시키는 정신적인 의지처가 될 수 없으니 새로운 정신적 의지처가 되는 종교가 필요하다고 생각하게 되었습니다.

그래서 이색, 정몽주, 정도전 등의 사대부들은 새로운 대안으로 국교를 유교로 바꾸고, 모든 사회제도를 새로운 종교 이념에 맞게 바꾸어야 한다고 주장하게 됩니다. 이런 분위기 속에서 이성계는 역성혁명을 일으켜 고려를 무너뜨리고 조선을 건국하면서 국교를 유교(儒敎)로 바꾸었습니다.

공자를 교주로 모시는 유교는 인(仁)을 모든 도덕을 일관하는 최고 이념으로 삼고, 수신제가치국평천하(修身齊家治國平天下)의 실현을 목표로 삼습니다. 그들은 주자가 집대성한 성리학을 수행 방편으로 삼고, 또 주자가 고대 중국 여러 왕조에서 행하던 관혼상제 예법을 정리한 『주자가례』(朱子家禮)라는 책을 교본으로 삼아 사회제도를 바꾸어 나가게 됩니다.

한양을 도읍으로 정한 이성계는 성곽을 쌓고 사대문을 세운 다음, 그 문의 이름에 건국이념을 확실하게 나타냈습니다. 동쪽에는 흥인지문(興仁之門), 서쪽에는 돈의문(敦義門), 남쪽에는 숭례문(崇禮門), 북쪽에는 홍지문(弘智門), 중앙에는 보신각(普信閣)을 세웠습니다. 정북에 있는 숙정문(肅靖門)은 현재 청와대 뒷산 봉우리 북한산성에 있는데, 일 년 내내 열지 않았습니다. 사람이 통행하는 곳이 아니었기 때문에 비상시 외에는 문의 역할을 하지 못했습니다.

　서북간방에 있는 홍지문이 실질적인 북문 역할을 했습니다. 아침 정인시(正寅時, 4시)에 보신각에서 천상세계 33천을 의미하여 타종을 33번 울리면 사대문을 활짝 열었고, 저녁 정해시(正亥時, 10시)에는 밤하늘의 28수 별자리를 의미하여 28번 종을 울리면 사대문을 닫았다고 합니다. 이렇게 사대문의 열고 닫음의 묘를 살려 백성들을 다스리겠다는 건국이념을 나타냈습니다.

　유교를 국가의 근간으로 삼으려고 했던 반면, 불교는 억압하고 탄압하여 말살시키려고 했습니다. 많은 사찰들을 폐사시키고, 사찰이 소유한 논밭을 빼앗았습니다. 그리고 승려들을 강제 속퇴시켰습니다. 그리고 모든 사회제도와 예식을 유교식으로 바꾸기 위하여 "주자가례"를 적극 활용하였습니다. 한양에는 유교의 최고 교육기관인 성균관을, 지방에는 향교를 세워 유생들을 배출하였습니다. 주자가 주장한 예법은 남자는 하늘이요, 여자는 땅이며, 남녀 칠세 부동석이요, 불사이군(不事二君 : 두 임금을 섬길 수 없다), 불갱이부(不更二夫 : 두 지아비를 바꿀 수 없다)가 큰 줄거리를 이루었습니다. 여자는 출가하면 외인이요, 이혼과 재혼을 할 수 없고, 과부는 수절(守節)해야 하며, 장자는 부모를 모시고 제사를 지내야 했지만, 부모의 재산상속을 자식들 중에 제일 많이 받았습니다.

　하지만 수백 년 동안 이어져 온 불교식 생활규범과 예절, 그리고 사회제도는 하루아침에 바뀌지 않았습니다. 숭유억불 정책으로 불교를 탄압하고 온갖 수단을 써서 말살정책을 썼지만,

불교는 망하지 않았습니다. 그 원인은 어디에 있었을까요?

종교가 신앙심을 불러일으키는 데는 세 가지 갖추어야 할 것이 있습니다. 첫째, 기복(祈福)이 있어야 하고, 둘째, 내세관(來世觀)이 있어야 하고, 셋째, 자아완성(自我完成)의 수행법이 있어야 합니다.

신앙의 시작은 소원성취를 바라는 기복에서부터 싹트기 시작합니다. 인간은 연약하기 때문에 어려운 일이 생기면 어디엔가에 의지하여 도움을 구하고자 합니다. 불교도들은 어려운 일이 생기면 불보살님 전에 기도를 올립니다. 자손이 귀할 때는 번창을, 병고에 시달릴 때는 무병장수를, 집안에 우환이 생길 때는 가내태평을 비는 등, 저마다 소원 성취를 위해 불보살님 전에 기도합니다.

하지만 첫째, 유교는 기복신앙의 대상이 없습니다. 그래서 토속신앙인 칠성, 산신, 용왕 또는 특별한 바위나 나무에 소원성취를 위한 기도 발원을 했습니다.

둘째, 유교는 내세관이 없습니다. 불교는 윤회사상이 있어서 도를 성취하면 사후에 극락세계, 선행을 많이 하면 천상세계 또는 인간세계에 태어나고, 어리석은 짓을 많이 하면 축생계, 탐심이 많아 악행을 하면 지옥에 떨어진다고 합니다. 그러나 유교는 내세관이 없습니다. 그래서 사후세계를 믿지 않습니다. 하지만 사후에 혼백이 있어서 산 자의 주위를 맴돌고 있을 것으로 믿고 죽은 자의 기일을 잊지 않고 제사를 올려 명복을 빌었습니다.

셋째, 유교는 자아완성의 수행법이 없습니다. 불교는 염불, 주력, 참선 수행법이 있어서 번뇌의 그물망에서 벗어나 참나를 깨닫고 모든 고(苦)에서 벗어날 수 있습니다. 반면 유교는 윤리도 덕이 투철합니다. 사람이 지켜야 할 도리나 규범이 엄격하며 예의범절을 중요시합니다.

부모에게 효도하고 나라에 충성하며 삼강오륜을 지키고 수신제가(修身齊家)하며 치국평천하(治國平天下)를 이루는 데 목적을 둡니다. 종교는 신앙심이 근본이 되는데, 유교는 신앙심보다 윤리도덕에 근본을 두어 사회질서 확립에 큰 도움이 되었습니다. 불교가 살아남을 수 있었던 것은 유교의 종교적 역할이 미약하였기 때문입니다. 거기다가 토속신앙인 칠성, 산신, 용왕 신을 불교 안으로 흡수하고, 조상천도제를 지냄으로써 민중을 끌어들일 수 있었습니다.

한 사대부가 퇴청하여 집에 돌아와 보니 어머님이 집에 계시지 않았습니다. 그래서 자기 아내에게 어머님이 어디 가셨느냐고 물었지요. 부인 말이 뒷산 절에 가셨다고 합니다. 그 말을 듣고 화가 난 사대부는 늦게야 집에 돌아오신 어머님께 퉁명한 말투로 "아니! 고려조 때 윗대 할아버지께서 국사 ○○에게 미움을 받아 죄 없이 귀양살이 하신 것을 모르십니까? 중은 우리 가문의 철천지원수입니다. 그런데도 뭐 하러 절에 가셨습니까?"라고 말하였습니다. 그러자 어머니는 무겁게 입을 엽니다.

"내가 왜 그것을 모르겠느냐? 하지만 네가 장가를 간 지 십년이 지나도록 네 아내가 아들을 낳지 못하지 않느냐? 삼대독자로서 간신히 가문을 이어오고 있으나, 네가 아들을 갖지 못하면 우리 가문은 문을 닫는다. 그러면 누가 선영에 제사를 올릴 수 있겠느냐? 그래서 산신님께 빌고, 용왕님께 빌고, 매일 밤 장독대에 정안수를 떠놓고 칠성님께 네가 떡두꺼비 같은 아들을 갖게 해달라고 빌었다. 그러나 아무런 영험이 없다. 듣자하니 뒷산에 있는 절의 부처님이 영험이 있어 생남불공(生男佛供)을 하면 소원이 성취된다고 하여 갔다 왔느니라."

불교가 망하지 않으려고 그랬는지, 그렇게 불공을 드리면 소원이 이루어지곤 합니다. 그러니 사대부들은 관청에 나가서는 불교를 폐해야 한다고 말하지만, 집에 와서는 어머님이 절에 다니는 것을 묵인했습니다. 그때부터 젊은 여성들은 절에 가지 못하고 나이 많은 노인들만 절에 가게 되었습니다.

고려 때는 남성들이 절에 많이 갔지만, 억불숭유의 조선시대가 되자 남성들은 절에 가기가 어려워졌습니다. 고려시대는 남성들과 지식인이 많이 절에 왔기 때문에 교리 중심의 법회가 성행했지만, 조선시대에는 나이 많은 여성들만 절에 왔기 때문에 스님들은 신도들의 마음을 좇아서 자손번창, 무병장수, 가내태평을 발원하는 소원성취 기도를 올리곤 했습니다. 기복 불교화가 된 것입니다. 그리고 영산재, 수륙재, 생전예수재 등 고혼 천도를 올리는 예식이 발달하였습니다.

조정에서는 불교를 날로 강하게 탄압하여 사찰들이 고려시대에 가지고 있던 전답을 모조리 몰수하였습니다. 그리하여 극도로 궁핍하게 된 승려들은, 신도들의 시주에 의지하게 되어 가가호호 방문하는 탁발을 하게 되었습니다. 살아남기 위하여 풍수지리를 배워 가진 자들의 집터와 조상 묘 터를 잡아주고, 명리학을 공부하여 신자들의 운명을 점쳐 주었습니다. 또 침술을 배워 병자를 치료해 주었습니다.

이렇게 불교가 어려움을 당하고 있던 조선 중기 선조 때 임진왜란이 일어났습니다. 전쟁이 일어나자, 왕은 한양 궁성을 버리고 의주로 피신하였고, 일부 사대부들은 난을 피해 몸을 숨겼습니다. 가장 고통 받던 민초들과 승려들이 의병을 일으켜 왜병과 싸웠습니다. 서산대사의 지도 아래, 그의 제자인 사명대사는 승군을 이끌고 평양 성 탈환에 큰 공을 세웠고, 영규대사는 금산 전투에서 공을 세우고 800명의 의승들과 함께 전사했으며, 처영 스님은 지리산에서 일어나 권율 장군을 크게 도왔습니다. 7년 간의 전쟁으로 조선 팔도는 피폐해질 대로 피폐해졌습니다. 백성들은 집들이 불태워져 살 곳도 없어졌고, 입고 먹을 것도 없었습니다. 불교 역시 피해가 막중했습니다.

승군에 의해 여러 전투에서 패한 왜군들은 그 보복으로 많은 사찰들을 불살랐습니다. 온 백성이 집도 절도 없는 신세가 되고 만 것입니다. 백성들이 울부짖는 것은, 입고 먹고 잘 곳 없는 것보다 사랑하는 가족을 잃은 서러움 때문인 경우가 많습니다. 하지만 죽은 가족보다 더 안타까워하는 가족이 있었으니, 그것은 일본으로 끌려간 피로인(被虜人)입니다.

왜놈들은 도공, 목수, 석공 등 기술자와 젊은 10대, 20대 남녀들을 마구잡이로 잡아갔습니다. 노예로 부려먹거나 다른 나라로 팔기 위해서였습니다. 실제 이탈리아로 조선인을 팔았습니다. 그때 끌려간 조선인 수효를 일본인 학자들은 2만~3만이라고 하고, 한국 학자들은 10만이 넘는다고 합니다. 이미 죽은 사람은 어찌할 수 없지만, 일본으로 끌려간 아버지, 어머니, 형, 동생, 누이 들이 왜놈 밑에서 갖은 고통을 당하고 있을 것을 생각하면 뼛골이 저려 오도록 아팠을 것입니다.

머나먼 왜놈들의 땅에서 조국을 원망하며 부모 형제자매가 그리워 울부짖고 있을 그들을 생각하면, 어찌 음식이 입에 넘어가며 밤잠이 오겠습니까? 그래서 백성들은 관아에 가서 내 아버지, 내 어머니, 내 형, 내 동생, 내 누이를 데려와 달라고 울부짖었습니다. 방방곡곡에서 백성들의 원망이 하늘까지 사무쳐 조정에서는 어떻게 해야 할지 큰 고민에 빠졌습니다.

전쟁을 일으켜 일본까지 쳐들어가 데려올 수도 없었고, 외교로 풀어야 하는데, 그러면 누구를 통신사로 보내서 왜장을 설득할 것인가? 만약 성과가 없으면 사명을 띠고 간 통신사는 책임을 완수하지 못한 죄로 죽음을 당해야 합니다. 아무도 갈 자가 없었습니다. 고민을 하다가 조정에서는 사명대사를 통신사로 봉하여 일본으로 보내기로 의견을 모았습니다. 성공을 하여 우리 백성을 데려오면 좋고, 그렇지 않으면 하찮은 중 하나 목숨을 날리는 것이니 상관없다는 것이 유생들의 생각이었습니다.

그러나 아무런 벼슬도 없이 승려의 신분으로만 보낸다면 왜장을 무시한 것이 되므로 사명대사를 정이품인 병조판서에 봉하였습니다. 지금으로 말하자면 국방부장관입니다. 일본으로 건너간 사명대사는, 도요토미 히데요시(豊臣秀吉)가 죽어서 그

뒤를 이은 이에야스(德川家康) 왜장을 만났습니다. 왜장은 사명대
사에 대하여 신하로부터 말을 듣고 잘 알고 있었지만, 직접 한번
대사의 기품을 떠보기 위해 조롱조로 시 한 수를 지어 보였습니다.

石上難生草　　房中難起雲
석 상 난 생 초 　　방 중 난 기 운

汝彌何山鳥　　來參鳳凰群
여 미 하 산 조 　　내 참 봉 황 군

돌멩이 위에 풀이 자라기 어렵고
방 가운데선 구름이 일어나기 어렵고
그대 어느 산의 이름 없는 새이기에
감히 봉황이 노는 무리 속에 찾아왔는고

사명대사가 답시를 지어 보였습니다.

我本靑山鶴　　常遊五色雲
아 본 청 산 학 　　상 유 오 색 운

一朝雲霧盡　　誤落野鷄群
일 조 운 무 진 　　오 낙 야 계 군

내 본시 청산의 학으로
늘 오색구름 위에서 놀았는데
하루아침 구름안개 사라져
한낱 닭(꿩)의 무리 속으로 잘못 떨어졌도다

왜장은 사명대사의 당당한 기상과 고고한 품격, 높은 학식에 존경심이 우러났습니다. 대사가 3년 동안 일본에 머물면서 훌륭한 수행과 도력을 보이자, 감동한 그들은 3,500명의 피로인을 조선으로 데리고 가도록 허락하였습니다. 그 피로인들은 스님의 공덕으로 지옥 나찰과 같은 왜놈들의 갖은 학대와 노동과 채찍으로부터 벗어나게 되어, 지옥에서 부처님을 만난 듯 감격하였습니다. 고국에 돌아가 그리도 그립던 부모 형제자매를 만날 수 있다고 생각하니 그 얼마나 가슴 벅찼겠습니까?

사명대사가 3,500명의 동포들을 데리고 부산항에 도착했을 때, 온 나라 국민들은 감격에 울었고, 사명대사의 명성은 온 천하에 퍼졌습니다. 사명대사의 명성은 하늘을 찌를 것 같았습니다. 백성들의 사명대사에 대한 존경심과 기대감은 이루 말할 수 없었습니다. 백성들은 이 어려운 세상을 구제할 어른은 대사뿐이라고 생각했습니다. 하지만 나라를 이 꼴로 만든 왕과 조정 대신들에게는 불신과 배신감이 극에 달했습니다. 이런 민심을 읽은 왕과 조정 대신들은, 어떻게 하면 이 성난 민심을 달랠 수 있을까, 고민하지 않을 수 없었습니다. 고심 끝에, 승려를 가장 천대하고 멸시하며 이 세상에 존재할 가치가 없다고 생각해 왔던 그들이, 사명대사를 왕 다음의 지위인 영의정에 추대했습니다.

영의정에 추대된 지 사흘째 되던 날, 사명대사는 평안도 묘향산 원적암에 계시던 스승 서산대사께서 보낸 편지를 받아보게 됩니다. 서산대사께서는 입적하실 때, 사명대사가 왜에서 돌아오면 주라고 한 통의 편지를 남겼습니다. 서산대사께서는 미리 제자인 사명이 유생들의 잔꾀에 속아 영의정에 오를 것을 알고 경각(警覺)의 편지를 보낸 것입니다.

"네가 유생들의 잔꾀에 속아 높은 벼슬에 오르면 민심이 안정된 후, 무거운 죄를 씌워 그대를 제거할 것이요, 그로 인해 지금까지 쌓은 공뿐만 아니라, 전쟁 때 희생된 승려들의 공도 다 물거품이 될 것이며, 불교가 곤경에 빠지게 될 것이다. 각별히 유념하기 바란다."

서산대사의 편지를 받고 정신이 바짝 든 사명대사는 사표를 내고, 서산대사가 계셨던 묘향산 원적암에 들렀다가 해인사 홍제암으로 가서 머무시다가 그곳에서 입적하셨습니다. 서산대사가 입적하시면서 유언을 남기시기를, 당신이 죽은 뒤 3백 년 후에는 불법이 금강산 이남에만 남아 있게 될 것이니, 당신 유물을 삼재가 들지 않는 해남 두륜산 대흥사에 갖다 두라고 하셨습니다. 49재가 끝난 뒤 제자들은 서산대사의 사리와 유물을 전남 해남 대흥사로 가져다가 모셨습니다.

지금도 해남 대흥사에는 서산대사와 사명대사의 유물이 모셔져 있습니다. 제가 69년도에 대흥사에 있을 때, 사명대사의 유물 중에 금으로 된 십자가가 유물관에 있는 것을 보았습니다. 사명대사께서 일본에 3년 동안 머무는 동안 이탈리아 신부를 만나게 되었는데, 자주 교리문답을 주고받으면서 친분이 두터워졌답니다. 불교교리의 훌륭함과 대사의 높은 도력에 감동한 이탈리아 신부는, 가톨릭 신앙의 심벌인 십자가를 대사에게 선물로 주었고, 그러자 대사께서는 답례로 늘 손으로 굴리시던 단주(檀珠)

를 주었다고 합니다. 불행하게도 그 십자가는 없어져 버렸습니다. 금 십자가가 탐이 난 위장 출가자가 기회를 노리다가 훔쳐서 달아나던 중 훼손해 버렸습니다. 불행 중 다행인 것은, 그때 찍어둔 사진이 있어 머잖아 복원될 예정이라는 것입니다.

유생들은, 백성들이 불교를 의지하여 정신적으로 안정을 찾고 평상심을 회복하고 있는데 임진왜란 이전처럼 불교를 막무가내로 탄압을 한다면 백성들이 가만히 있지 않을 것을 두려워하였습니다. 그러면 불교를 어떤 방법으로 다루어야 하며, 어떤 방식이 백성들의 원성을 사지 않고 불교를 약화시킬 수 있을 것인가? 그들은 궁구하여 방법을 찾게 됩니다.

중들이 몸이 날쌔고 산도 잘 타고 조직력이 있는 데다 지략이 뛰어나 전쟁을 잘하니 승군단을 만들어 훈련을 시켰다가 유사시에 전쟁터로 보낸다면 막대한 국방비를 들이지 않고도 큰 효과를 얻을 수 있겠다는 생각이 들었습니다. 병자호란으로 크게 혼쭐이 난 인조와 조정대신들은 예비 병력이 있어야 한다는 것을 통절히 느껴 왔습니다. 그래서 승군단을 창설하여 전 승려들을 조직적으로 평상시에 훈련을 시켰다가 전쟁 시에 전쟁터로 내몰 생각을 했습니다. 승군단 총사령관으로 벽암각성(碧巖覺性) 스님을 팔도총섭(八道摠攝)으로 삼아, 전국 승려들을 동원, 남한산성을 더 크게 확장하고 튼튼하게 쌓도록 하여 승군을 주둔시켰습니다.

남한산성에는 열세 개의 절이 있었습니다. (현재 남아 있는 절은 장경사 하나뿐입니다.) 절이라고 하지만 승군 막사에 가까웠습니다. 그래서 남한산성에 있던 승려들은 한 손에 창칼을, 또

216

한 손에는 불경을 들어야 했습니다. 그리고 전국의 승려들은 누구나 국가에서 발급하는 도첩을 소지해야 했습니다. 그것은 조직적으로 승려들을 관리하기 위함이었습니다. 지방 수령들에게는 각자 자기가 다스리는 지역 승려들을 지휘 통솔하는 권한을 주었습니다. 그리하여 지방 수령들은 군사훈련을 한답시고 관할 승려들에게 자주 동원령을 내려, 군사훈련보다 호된 부역을 시켰습니다. 성을 쌓아라, 길을 닦아라, 다리를 놓아라, 담장을 쌓아라 등등, 호된 부역으로 승려들을 괴롭혔습니다.

이렇게 병역과 호된 부역에 시달리며 갖은 멸시를 당했으니, 승려들은 종보다 못한 사회적 대접을 받았습니다. 그래서 장성한 사내가 승려가 되는 것은 가문을 더럽힌다고 해서 족보에서 그 이름을 지워버렸습니다. 그런데도 승려의 수효가 줄어들지 않고 오히려 점점 많아졌으니, 그 원인은 대체 어디에 있었을까요?

세상은 불공평합니다. 가진 자는 자손이 귀하여 걱정이고, 못 가진 자는 원치 않는 임신이 고민입니다. 피임법도 모르고 낙태도 없던 시절, 먹을 것은 없는데 자꾸만 자식이 생기니, 먹여 살릴 수도 없고 굶겨 죽일 수도 없어 어찌할 길이 없었습니다. 그래서 생명을 가장 중요시 여기는 자비도량 부처님이 계시는 절에다 아기들을 몰래 갖다 놓곤 했습니다. 그것도 남자들만 사는 비구승 절보다는 여승들이 사는 비구니 절에 갖다 두는 것이 애를 살릴 수 있는 확률이 높지 않을까 생각해서, 새벽 예불 시간 전에 맞추어 승방 앞마루나 대웅전 앞에 갓난아기를 보자기에 싸서 두고 가곤 했습니다.

지금처럼 풍요로운 시대에는 우유가 많아서 아기를 키우는 데 별 어려움이 없지만, 그 시절은 우유도 없고 가난해서 고작 미음으로만 키워야 했으니 어려움이 많았습니다. 그래도 비구니 스님들은 불쌍한 중생들을 어여삐 여겨 누구를 원망하지 않고, 이것도 부처님의 뜻으로 생각하고 열심히 키웠습니다. 사내아이들은 네다섯 살이 되면 비구승 절로 보내지고, 여자아이들은 키워주신 스님을 어머니로 생각하고, 그 절에서 비구니가 되었습니다. 그래서 젊은 비구승들은 나이 많은 비구니 스님들을 어머니같이 대했고, 같은 또래 비구니 스님들은 오누이같이 다정하게 대했습니다.

그러나 그 시절 동네 어린 아이들은 스님들을 호랑이보다 더 무서워했습니다. 애들이 말을 듣지 않으면 "중한테 잡아가라 한다."고 하면 겁을 먹고 말을 잘 들었습니다. 또 아무리 달래도 울음을 그치지 않을 때에는, 호랑이가 온다고 해도 울음을 그치지 않지만, 중이 온다고 하면 울음을 뚝 그치고 숨을 곳을 찾았습니다. 어째서 그 시절 동네 어린아이들은 스님들을 호랑이보다 무서워했을까요?

부잣집 아이가 할머니를 따라 절에 갔다가 자기 또래의 여러 아이들을 절에서 보고는 스님들이 아이들을 잡아온 것으로 오해하여 동네 친구들에게 소문을 퍼뜨렸을 것입니다. 또 아이들이 너무 많아서 굶주리게 된 집에서는 서너 살짜리 아이를 어쩔 수 없이 절에다 맡기는 경우가 있었는데, 남은 형제들은 부모님이 스님에게 아이를 판 것으로 오해했을 것입니다. 또 부모가 일찍 죽은 고아를 주변 사람들이 절에 데려온 경우가 많았습니다. 그래서 조선 5백 년 동안 사찰은 고아원 아닌 고아원이었고, 양로원 아닌 양로원이었습니다. 자식이 없는 독거인이 자기가 가지고 있는 전답을 절에 바치고 절집 뒷방에서 지내다가 죽으면, 절에서는 장례를 치러주고 기일이 되면 제사를 지내주었습니다.

　　조선 후기에는 스님들의 알뜰한 살림살이로 사찰의 경제가 많이 좋아졌습니다. 논밭이 생겨 자급자족이 가능해졌을 뿐만 아니라, 남아도는 식량을 꾸어주고 이자를 받기도 했습니다. 전답이 없는 자들에게 도지(賭地)를 주고 가을에 도조(賭租)를 벼나 쌀로 받기도 했습니다. 그러자 부자 절 주지스님은 지역 유지가 되었습니다. 사찰 재산이 날로 늘어나 지역 유지가 되고 지주가 되어 소작인 앞에서 거드름을 떨 무렵, 일본이 조선을 침략하여 우리나라는 식민지가 되고 말았습니다.

　　식민지가 되자, 일본인들은 조선인의 근본 뿌리를 뽑기 위하여 우리글을 쓰지 못하게 하고, 성씨를 일본식으로 개명하게 하고, 단발령을 내려 상투를 자르게 했습니다. 뿐만 아니라, 조상을 좋은 땅에 모셔야 자손이 창성한다는 우리네 사고방식을 묵살하기 위해, 묘지 법을 시행하여 정해진 공동묘지에만 조상 묘를 쓰도록 하였습니다. 그리고 강제노동을 시키는 등, 온갖 핍박을 가했습니다. 그러나 유생들로부터 가장 천대받았던 스님들은 예외로 하였습니다. 조선 팔도의 사찰들을 31개 지역으로 나누고 각 지역마다 본사를 두어 말사를 거느리게 하는 본사제도를 실시하였습니다. 그리고 본사 주지는 도지사급 예우를 하여 도 자문위

원으로 삼았습니다.

여기에는 그들의 계략이 숨어 있었습니다. 정부로부터 천대 받은 승려들을 잘 대접해 주어 자신들의 후원자가 되도록 유도하기 위함이었습니다. 그러나 일본인들은 '승려들이 도 닦는 데 전념한다면 임진란 때처럼 사명대사 같은 큰 도인이 출현하여 조선 독립을 주도할지도 모른다'는 염려를 하게 됩니다. 그래서 어떻게 해야 승려들이 도 닦는 데 전념하지 않고 엉뚱한 곳에 빠질 수 있을까를 궁리했습니다. 그래서 생각해낸 것이 승려들의 대처화였습니다.

'장가를 가게 하여 여자를 알아서 색에 빠지면 도 닦을 생각이 멀어질 것이고, 그로 인해 태어난 자녀들을 먹이고 입히고 교육시키기 위해 온 정신을 쏟게 될 것이다.'

그래서 일제는 승려들을 장가가도록 유도하기 위해 사찰령을 내려, 주지 임명권을 본사는 총독이, 말사는 도지사가 갖게 하여, 대처승 위주로 주지를 임명했습니다.

당시 무상을 통절히 느끼고 발심하여 도 닦을 마음으로 출가한 자는 적고 어쩔 수 없이 절집에 살게 된 승려들이 많았으므로 슬금슬금 장가를 드는 자가 많아졌으며, 그들은 주지 임명을 받기 위해 총독부에 아부하기 시작했습니다. 하지만 발심 출가한 승려들은 일제가 조선 불교를 망가뜨리고, 또 불교를 자기들의 손아귀에 두고자 계략을 쓰고 있다는 것을 알아차렸습니다. 그래서 더욱 철저히 계율을 지키고, 기도, 독경 및 참선수행을 게을리하지 않았습니다. 이와 반대로 일제에 아부하여 주지가 된 대처승들은 절 아랫마을에 집을 마련하여 처자식을 두고 밤마다 술, 고기를 먹으면서 음행을 저지르는 등 파계행위를 일삼았습니다.

파계를 하면서도 부끄러워할 줄 모르던 대처승들은 수단과 방법을 가리지 않고 처자식을 먹여 살리기 위하여 절 재산을 빼돌렸습니다. 풍족하던 절 살림살이가 궁핍해지고, 노동력 착취는 날이 갈수록 심해지니, 수행에 전념하던 비구승들은 불평할 수밖에 없었습니다. 대처승들은, 불평만 하고 사사건건 따지고 드는 비구승들이 귀찮고 얄미웠습니다. 그래서 선방 구들장을 파헤치고 강원을 폐쇄해 버렸습니다.

본사에서 쫓겨난 비구승들은 갈 곳이 없어 산중 깊숙이 들어가 토굴을 짓고 수행을 계속하든가, 탁발승이 되어 거리를 떠도는 신세가 되었습니다. 이렇게 되자 남전, 도봉, 석두 스님을 중심으로 뜻있는 분들이 모여, 총독부의 사찰령을 피하면서 수행할 수 있는 수행처를 만들기 위해 서울 안국동에 조선불교선학원본부를 설립했습니다. 그리고 나서 법적 보호를 받기 위해 재단법인 신청을 했습니다.

하지만 재단법인 인가를 받기까지는 무척 힘들었습니다. 일본인들은 비구승들의 의도를 알았기 때문에 좀처럼 법인 허가를 내주지 않았습니다. 때마침 총독의 아내가 중풍으로 쓰러져 백방으로 약을 써도 차도가 없어 걱정하던 차에, 누군가로부터 적음(寂音) 스님이 침술에 능하다는 말을 들은 총독이 적음 스님을 모셔오도록 하여 치료를 부탁했습니다. 원래 한약에 밝은 스님은 침술과 약으로 총독 아내의 병을 완치시켰습니다. 총독이 감사하는 마음이 들어 스님께 "내가 뭐 도와드릴 것이 없겠습니까?" 하니, 스님은 그 기회를 놓치지 않고 재단법인 허가에 대해 자초지종 말하면서 속히 해결해 주도록 부탁했습니다. 그러자 총독이 확답을 하고, 법인 담당자를 불러 일을 처리하도록 했습니다.

이리하여 법인 설립을 추진한 지 십여 년이 지난 1934년 12월 5일 '재단법인 선리참구원'의 법인 등기가 완료되었습니다. 현 선학원 중앙선원에서 송만공, 백용성, 한용운 스님 등이 나서서 일반 대중들에게 참선과 교학을 가르치면서 불교대중화에 주력하였습니다. 일반신도들을 대상으로 하는 남녀선우회, 부인선우회도 조직되어 선의 대중화를 위한 노력이 경주되었습니다. 부인선우회에는 나이 든 상궁들이 참석하여 선을 배우기도 했습니다.

일제는 우리의 민족정신을 빼앗기 위해 갖은 수단과 방법을 가리지 않았습니다. 이에 대처승들은 일제에 동조하고 앞장서기도 했습니다.

그러나 비구승들은 나라 잃은 서러움을 뼈저리게 느끼고, 조국을 구하기 위해 항일 독립투쟁에 나섰습니다. 몰래 독립자금을 모으고 비밀정보를 모아, 걸망을 짊어지고 탁발승처럼 동가숙 서가숙 하면서 두만강을 건너 간도 땅을 지나 만주 독립군과 접촉, 독립자금과 국내외의 정보를 제공하였습니다. 이때 독립자금 공급처는 선학원이었고, 항일 독립투사 비구승들의 비밀접촉 장소는 현 서울 은평구 삼각산 진관사였습니다. 한용운 스님은 만공 스님을 비롯하여 여러 스님과 지인으로부터 독립자금을 모았고, 황실에서도 상궁을 통하여 은밀하게 독립자금을 보태었습니다.

　이름 없는 비구승 항일 독립투사들이 두만강을 건너 만주 독립군에게로 가는 도중, 간도 땅 회막동에 오두막을 지어놓고 쉬어가도록, 음식과 짚신을 마련해 놓은 도인이 있었습니다. 바로 수월 스님입니다. 수월 스님은 일자무식이었지만 신묘장구대다라니 주력으로 한 번 들으면 잊지 않는 불망념지(不忘念智)를 얻었고, 경허 스님의 지도로 크게 깨쳐 인가를 받은 큰 선지식입니다. 스님은 법복을 벗고 낮이면 밭에 나가 감자, 옥수수, 조, 콩, 팥 등을 가꾸고, 밤이면 짚신을 삼아 길손들에게 제공했습니다.

　이름 없는 비밀 항일 독립투사 비구승들은 독립자금과 정보만 전달한 것이 아닙니다. 독립군들은 고향을 떠난 지가 여러 해가 지나도 고향의 부모형제들에게 소식을 전할 길이 없었는데, 스님을 만나면 편지 전달을 부탁하곤 했습니다. 비구승들은 글을 못 쓰는 이들에게는 대필을 해주기도 하면서 그들의 편지를 걸망에 숨겨 탁발승 행세를 하며 전국을 돌면서 가족들에게 소식을 전했습니다. 고향에 있는 가족들은 집 떠난 지 여러 해가 지났건만 소식이 없어 피를 말리던 중, 뜻밖에 스님으로부터 사랑하는 자식이나 형제의 편지를 받게 되었으니, 그 얼마나 감개무량했겠습니까? 또 고향 가족들이 써준 답서를 꼭꼭 숨겨 가지고 다시 만주 독립군들에게 전달하니, 그들 또한 부모형제의 소식을 접하고는 눈시울을 붉히지 않을 수 없었습니다.

　드디어 8.15 광복이 왔습니다. 하지만 얼마 뒤 6.25 동족상잔의 비극이 일어납니다. 6.25 동란으로 적군과 아군에 의하여 여러 산중 사찰들이 소실됩니다. 휴전협정이 있었던 1953년 늦가을, 서대문구 봉원사에서 전쟁으로 희생된 유엔군 장병 위령제가 있었습니다. 그때 이승만 대통령과 닉슨 미 부통령이 참석했습니다. 위령제가 끝나고 이 대통령이 요사채 뒤쪽을 바라보니 빨랫줄에 갓난애 기저귀가 널려 있는 것이 눈에 띄었습니다. 이 대통령이 비서실장에게 물었습니다.

"중은 장가를 가지 않는 줄로 아는데, 절간에 웬 기저귀인가?"

그러자 비서실장이 일제에 의해 한국불교가 대처승화된 사실을 자세히 이야기했습니다.

경무대(현 청와대)로 돌아와 한국불교의 실태를 자세히 보고받은 이 대통령은, 다음해인 1954년 5월 20일, 불교정화 담화문을 발표하였습니다. 그 내용은 대략 이러합니다. "불교는 일본식 제도를 철폐하는 것이 좋겠고, 또한 우리나라 고유 문화재의 보고(寶庫)인 유서 깊은 사찰들이 황폐되어가고 있으니 무절조한 대처승이 불교계에서 물러가는 것이 좋을 것이다."

이 대통령의 담화로 영도권을 잡지 못하고 있던 비구승들이 힘을 얻어 "불교정화"라는 기치를 내걸 수가 있었습니다. 이 대통령은 담화문을 발표했는데도 비구승들의 행동이 미온적인 것을 답답하게 여겨, 동년 11월 4일, 더 강력한 어조로 대처승이 불교계에서 물러가는 것이 좋겠다고 말했습니다. 담화가 있던 다음날, 선학원 비구승 80여 명이 대처승 총본사인 태고사(현 조계사)에 진입하여 접수하고, 태고사 현판을 떼고 조계사로 바꾸었습니다. 그리고 "정화불사" 본부로 삼았습니다. 엉겁결에

당한 대처승들은 서대문구 봉원사로 물러가 대처승 본부를 꾸렸습니다.

이때부터 본격적인 비구 대처 분쟁이 시작되었습니다. 비구승들은 대처승 총본사를 쉽게 접수했으나, 지방에 있는 본 말사는 쉽지 않았습니다. 사기가 충천한 비구승들이 지방 중요 사찰을 접수하기 위해 밀고 들어갔으나, 미리 대비책을 세운 대처승들의 강력한 저항에 부딪혀 실패를 거듭했습니다. 처자식들의 먹고사는 생사가 결려 있었기 때문에 그들은 처자권속뿐 아니라 조직 폭력배들의 머리를 깎아 승복을 입힌 다음 한 패로 만들어 목숨을 걸고 저항했습니다. 숫자상으로 열세한 비구승들도 조직 폭력배들을 가짜 승려로 동원하여 싸우게 됩니다. 한 치의 양보도 없는 치열한 혈투가 도처에서 벌어졌습니다.

우리는 막다른 데 이르면 이판사판이라고 합니다. 이판(理判)은 수행승 즉 비구승을 말하고, 사판(事判)은 사무승 즉 대처승을 말합니다. 비구대처의 싸움에서 나온 말입니다. 이렇게 되자 대처승들은 법적 투쟁에 나서게 됩니다. 대처승들은 자기들이야말로 전통·정통(傳統·正統)을 이은 불교교단이고, 비구승들은 근대에 생긴 임의단체인데, 그들이 자기들의 절과 재산을 빼앗으려고 한다고 법원에 제소를 했습니다. 비구승 측이 일심과 이심에서 지고, 삼심인 대법원 판결만 남았습니다.

이 대통령의 비구승 지지발언이 있었는데도 이렇게 재판에서 지게 된 동기가 어디에 있었겠습니까? 그것은 법조계가 전부 대처승 인맥들로 이루어졌기 때문입니다. 대처승들은 재산이 있었기 때문에 자녀들을 일본으로 유학 보내어 판검사나 변호사로 만드는 경우가 적지 않았습니다. 당시는 4.19 혁명으로 자유당 정권이 무너지고 이승만 대통령이 실각된 뒤였습니다. 비구승들은 대법원 판결 결정일 일주일 전부터 조계사 대웅전에서 청담 스님 주도하에 단식기도에 들어갔습니다. 하지만 결국 비구승 측이 패소했습니다.

그때 법정에서 여섯 비구가 할복을 했습니다. 비구승 측이 재판에 패소하고 여섯 비구가 재판장 앞에서 할복했다는 소식이 조계사에 전해지자, 단식기도 중이던 백여 명의 비구, 비구니 스님들은 단숨에 서대문 대법원으로 달려가 난동을 부려 법원을 발칵 뒤집어 버렸습니다. 그리고 곧바로 재심을 신청했습니다. 당시는 5.16 쿠데타로 군부가 들어섰고, 사회적 분위기는 일제 잔재를 소탕해야 한다는 목소리가 높았습니다.

1962년, 비구승 측은 마침내 최후의 대법원 재심 판결에서 승소했습니다. 대법원 승소에 힘을 얻은 비구승들은 전국 사찰들을 접수해 갔습니다. "불교정화" 운동이 60년대 말까지 이어지면서 많은 불교 재산이 손실되었습니다. 지금까지도 접수하지 못한 사찰로는 순천 선암사와 서대문구 봉원사가 있습니다.

대한불교조계종의 미래는 어떻게 펼쳐질까요? 먼저 재단법인 선학원과의 갈등을 풀어야 합니다. 선학원과의 결별은 뿌리 잘린 보리수나무와 같습니다.

다음은 비구니 스님들과의 화합입니다. 비구니 스님들의 생활환경이 비구승들에 비해 너무 열악합니다. 비구니 스님들은 종도로서의 기본적 권리마저 제약받고 있습니다. 그러니 비구니 스님들은 기본적 권리를 달라고 주장할 것이고, 비구 스님들은 기득권을 지키기 위하여 전전긍긍할 것입니다. 깔끔하고 알뜰한 살림솜씨, 섬세하고 부드러움으로 포교와 복지 분야에 비구승보다 월등한 능력을 가진 그들을 어떻게 잘 활용할 것이며, 어떻게 화합과 조화를 이루어낼 것인가? 미래의 한국 불교는 거기에 달려 있을 것입니다.

옴(aum) 명상법(瞑想法)

옴 명상과 더불어 행해지는 심호흡은 체내의 노폐물을 밖으로 배출시키므로 체세포가 활성화되어 질병에 대한 저항력 강화로 모든 질병을 물리칠 수 있고, 또 뇌세포가 활성화되어 기억력, 창의력, 암기력, 집중력을 높여주며, 치매가 오지 않는 건강한 뇌를 계속 유지할 수 있게 해줍니다.

인도의 요가 수행자들은 아주 오랜 옛날부터 '옴'(ॐ aum) 명상법(瞑想法)을 명상(瞑想)의 염상(念想)으로 삼았습니다. 요가 는 정신을 통일, 호흡을 가다듬어 동작과 동작을 연결, 기(氣)의 흐름을 막힘없이 하며 초자연적인 기를 모으고 명상으로 무념무 아에 들어가는 수행법입니다.

옴의 음: aum(阿汚麼)의 a(阿)는 발생(發生), u(汚)는 유지(維持), m(麼)는 종멸(終滅)을 뜻하고, 힌두교에서 a(阿)는 창조신 브라흐마, u(汚)는 유지신 비슈뉴, m(麼)는 파괴신 시바, 밀교에 서는 부처님이 나투신 삼신(三神) 중 a(阿)는 법신불(法身佛), u(汚)는 보신불(報身佛), m(麼)는 화신불(化身佛)이 옴 하나에 응집되어 있는 우주의 근원이라고 합니다. 그래서 옴은 삼불일체 (三佛一體)입니다.

"오우음" 하는 소리는 우주가 돌아가는 소리라고 합니다.

우리 인간은 우리가 살고 있는 지구가 스스로 자전하고 또 태양을 공전하며 돌 때 나는 소리가 너무 커서 듣지 못합니다. 천체의 모든 별들은 가만히 있지 않고 움직이고 있습니다. 이 우주가 돌아가는 소리 옴을 귀 기울여 들어 보십시오. 그리고 소리를 내어 보십시오.

옴 명상의 첫 단계는 "오우움"을 소리내며 호흡하는 법입니다. 호흡은 사람이 이 세상에 태어날 때부터 죽을 때까지 잠시도 멈추지 않습니다. 잠자는 동안에도 호흡은 계속됩니다. 인간의 생명은 호흡에서 시작되고, 호흡이 멈춤으로 삶이 마감됩니다. 이렇게 중요한 호흡이지만 호흡을 바르게 하는 사람은 드뭅니다.

사람의 몸에는 산소가 절대 필요합니다. 산소는 폐로 호흡하여 공기 중에서 얻어냅니다. 우리 몸의 사령탑인 뇌는 전체 체중의 3%도 되지 않지만 폐로 흡수한 산소의 15-20%를 소비합니다. 그만큼 뇌는 일을 많이 합니다. 삶을 유지하기 위해 중요한 일을 많이 하는 뇌는 산소 공급을 충분히 해주어야 합니다. 호흡이 멈추어 산소를 공급해 주지 않으면 뇌세포가 죽고 맙니다.

한 번 죽은 뇌세포는 재생이 불가능합니다. 그래서 뇌에는 산소가 절대적으로 필요합니다. 졸음이 올 때 하품을 하는 것은 뇌에 많은 양의 산소를 얻기 위함입니다. 심호흡을 통하여 충분한 산소를 얻게 되면 뇌세포가 활성화되어 정신이 밝아지고 혈액이 맑아져서 기혈순환이 원활해집니다.

바른 호흡법은 명상수련뿐만 아니라 불가의 참선수행, 요가, 선도(仙道) 등 모든 수행의 기본 바탕이 됩니다.

어떻게 하는 것이 옴 명상 수련의 좋은 호흡법일까요? 무엇보다도 숲이 우거진, 맑고 신선한 공기가 있는 장소가 적합합니다. 밀폐된 좁은 공간이나 건조한 실내는 좋지 않습니다. 주위가 소음이 심하고 산만한 곳을 피하고, 새소리 물소리가 들리는 조용한 장소를 택합니다.

옷은 헐렁하고 편안하며 부담없는 것을 입되 너무 많이 껴입지 마십시오. 그리고 너무 배가 고플 때나 배가 부른 식전 식후를 피하십시오. 너무 딱딱한 맨바닥은 피하고, 약간 푹신한 좌복 위가 좋습니다.

호흡을 시작하기 전에 먼저 '지금 무슨 마음가짐인가?' 하고 현재의 마음을 알아차립니다. 바라는 마음이나 근심걱정이 있으면 수행을 할 수 없습니다. 그래서 먼저 그 마음을 알아차려서 마음을 비워 편안해진 마음으로 동향을 향하여 앉습니다.

좌복 위에 앉을 때는 먼저 허리띠를 늦추어 몸과 호흡을 자유스럽도록 합니다. 몸의 긴장을 풀고 편안하면서 바른 자세로 앉습니다. 턱을 약간만 아래로 당기고 허리는 편하게 폅니다. 손을 무릎 위에 편하게 올려놓고 발은 반가부좌를 하거나 두 발을 나란히 바닥에 놓은 평좌를 하고, 눈은 지그시 감습니다.

한 시간 동안 움직이지 않을 만큼 부담 없는 자세로 앉습니다. 숨을 천천히 입으로 들이키며 "오우음" 길게 소리를 냅니다.

급하게 숨을 들이키면 옴 소리를 내려고 하면 소리가 나지 않습니다. 소리를 내면서 숨을 들이키기 어려우면 속으로 소리를 내면서 호흡을 합니다.

입으로 공기를 들이키면서 우주의 근본 에너지인 옴의 원기가 입안으로 들어온다는 것을 굳게 관념(觀念)합니다.

우주의 에너지는 자력을 갖고 있기 때문에 우리가 어떤 생각을 갖느냐에 따라 그 생각에 관련된 에너지가 딸려옵니다. 우리가 어둡고 부정적인 생각을 갖고 있으면 우리에게 어둡고 부정적인 에너지가 와서 나쁜 일만 일어납니다. 우리가 긍정적인 생각을 일으키면 우주는 또 그것과 관련된 에너지만을 우리에게 보내 좋은 일이 일어납니다.

우리가 긍정적인 마음의 문을 활짝 열어놓을 때, 우주의 좋은 에너지가 자유롭게 우리 몸속으로 들어옵니다. 이렇게 들이킨 옴의 생기를 아랫배로 보내는 동시에 아랫배에 힘을 넣어 복압을 높여 갑니다. 이 경우 가장 주의하여야 할 것은 아랫배 이외의 부분에는 힘이 들어가지 않도록 하는 것입니다.

아랫배에 힘이 들어가면 숨을 멈추고 우주의 원기인 옴의 기운이 아랫배에 충만하였다는 것을 굳게 관념합니다. 무리가 가지 않는 범위 내에서 호흡을 멈추는 시간을 길게 할수록 좋지만, 체력과 능력을 고려해야 합니다.

숨을 내쉴 때는 천천히 코로 내쉬며, 이번에는 될 수 있는 한 아랫배를 수축시킵니다. 아랫배가 등에 붙을 만큼 모든 공기를 내뱉습니다.

이런 동작을 꾸준히 반복하면 하복부가 부드러워지고 팽창과 수축의 진폭이 커지며 폐활량이 커지고, 뱃속의 장기와 혈관의 탄력성이 늘어납니다. 우주의 원기 옴의 기운이 체내로 들어와서 강력한 생명력이 되어 신체의 모든 기관과 모든 세포를 활발하게 활동시키는 것입니다. 또한 뱃속의 침강(沈降)된 혈액이 심장으로 다시 흘러들어감으로써 전신의 혈행(血行)이 활발해져서 몸 안의 나쁜 기운이 밖으로 빠져나가게 됩니다.

이와 같은 방법으로 하루에 네 번씩, 한 차례에 10분 정도 합니다. 입으로 들이키는 호흡법이기 때문에 장시간 계속하면 기관지에 무리가 올 수 있습니다.

만약 집안에서 호흡법을 익히기가 적당하지 않을 경우에는 가까운 산이나 숲속에 가서 동쪽을 향하여 서서 팔을 위로 들고 크게 벌리면서 "옴" 하고 소리를 내거나, 속마음으로 소리를 내면서 입으로 숨을 천천히 들이킵니다. 입으로 신선한 공기를 들이키면서 우주의 근본 에너지인 옴의 생기가 입안으로 빨려들어 온다는 것을 굳게 관념(觀念)합니다.

이렇게 들이킨 옴의 생기를 아랫배로 보내는 동시에 아랫배에 힘을 넣어 복압을 높여 갑니다. 아랫배에 힘이 들어가면 숨을 멈추고 우주의 원기인 옴의 기운이 아랫배에 충만하였다고 굳게 관념합니다. 무리가 가지 않는 범위 내에서 호흡을 멈추는 시간을 길게 할수록 좋지만 체력과 능력을 고려해야 합니다. 숨을 내쉴 때는 팔을 오므리면서 천천히 코로 내쉬며, 이번에는 될 수 있는 한 많이 아랫배를 수축시킵니다. 아랫배가 등에 붙을 만큼 모든 공기를 내뱉습니다. 이런 동작을 꾸준히 반복합니다.

또 병이 중하여 병상에서 일어날 수가 없을 때에는, 병상을 따뜻하게 하고 낮은 베개를 베고 눕습니다. 눈을 감고 마음을 편안하게 하며 코로 천천히 아주 가늘게 호흡을 들이마시면서 우주의 원기인 옴의 생기가 몸속으로 흘러 들어온다고 굳게 관념

(觀念)합니다. 이렇게 조용히 숨을 들이마시며 관념의 힘으로 들이마신 생기를 발로 보낸다고 의식합니다. 발 이외에는 힘을 주지 말고 발가락에 되도록 많은 힘을 넣습니다. 그리고는 잠시 호흡을 멈추어 우주의 생명 에너지 옴의 생기가 발에 집중되는 것을 확인하듯이, 다시 한 번 굳게 의식하고는 발에서 힘을 빼면서 조용히 숨을 내쉽니다.

이것이 익숙해지면, 다음에는 아랫배를 수축, 팽창시키는 방법을 행합니다. 생기를 아랫배로 보내는 동시에 하복부에 힘을 넣어 복압을 높입니다. 이 경우에 주의하여야 할 것은, 아랫배 이외의 부분에는 힘이 들어가지 않도록 해야 한다는 것입니다. 아랫배에 힘이 들어가면 숨을 멈추고 옴의 생기가 아랫배에 충만하였다고 굳게 관념합니다. 무리가 가지 않는 범위 내에서 호흡을 참습니다. 숨을 내쉴 때는 조용히 내쉬며 이번에는 될 수 있는 한 많이 아랫배를 수축시킵니다. 아랫배가 등에 붙을 만큼 힘을 주어 아랫배를 오므리는 것입니다.

이런 동작을 꾸준히 하면 하복부가 부드러워지고 팽창과 수축의 진폭이 커지므로 뱃속의 장기와 혈관에 탄력이 생기며, 기와 혈이 원활하게 순행되어 병마에서 빨리 벗어날 수 있습니다. 이와 같은 방법을 하루에 서너 번씩 한 차례에 10분 정도 합니다.

이 호흡이 익숙해지면 옴 명상(瞑想)으로 들어갑니다. 명상을 익히는 데는 전통 좌선법이 좋습니다. 명상실은 공기가 맑고 건조하지 않으며, 밀폐되지 않은 조용한 곳이어야 합니다. 명상을 할 때는 음식을 잘 조절하여야 합니다. 과식을 하거나 지나치게 절제하면 몸의 균형이 깨지기 때문에 자기의 양에 맞추어 적당히 먹어야 합니다. 먹고 싶은 양의 칠부를 먹는 것이 좋습니다. 명상실에 들어가 좌복 위에 앉을 때는 먼저 허리띠를 늦추어 몸과 호흡을 자유스럽게 합니다.

다음에는 가부좌를 합니다. 오른발을 왼쪽 넓적다리 위에 올려놓은 다음 왼발을 오른쪽 넓적다리 위에 올려놓습니다. 이것을 온가부좌라고 하는데, 오른발을 왼쪽 허벅다리 위에 올려놓은 뒤 왼발을 오른쪽 허벅다리 위에 올려놓는 자세를 항마좌(降魔座), 그 반대의 자세를 길상좌(吉祥坐)라 합니다. 수행자는 번뇌를 항복받지 못했으므로 항마좌를 합니다. 그러나 반드시 온가부좌를 해야만 명상을 할 수 있는 것은 아닙니다. 반가부좌를 해도 됩니다. 반가부좌는 왼발을 오른쪽 넓적다리 위에 올려놓습니다. 다음에 바른손을 왼발 위에 놓고 왼손을 바른 손바닥 위에 겹치도록 하며 양쪽 엄지손가락 끝을 가볍게 맞대어 계란형으로 둥글게 합니다. 이것을 대삼마야인(大三摩耶印) 또는 법계정인(法界正印)이라 합니다.

이때 양 엄지손가락을 너무 힘주어 맞대려고 하지 말고 또 떨어지지도 않도록 하되, 엄지손가락 모습이 계란처럼 아주 곱게 되어야 합니다. 그리고 명상 중에는 결인(結印)을 풀지 말아야 합니다.

그런 다음 몸을 서서히 바로 일으켜 허리를 반듯하게 폅니다. 이때 몸을 전후좌우로 서너 번 흔들어 균형을 잡아 단정하게 합니다. 앉은 자세가 뒤로 넘어가거나 앞으로 기울어지거나 좌우로 기울어지지 않도록 합니다. 두 귀는 어깨 위에 수직으로 놓이게 하고, 고개도 전후좌우로 기울어지지 않게 합니다.

턱은 앞으로 당기고, 코끝은 배꼽과 일직선상에 놓이게 합니다. 어금니는 지그시 물고 혀는 위로 꼬부려서 입천장에 댑니다.

눈은 힘을 주지 말고 보통으로 뜹니다. 너무 부릅뜨면 생각이 산만해지기 쉽고, 너무 가늘게 뜨거나 감으면 졸음에 빠지기 쉽습니다. 성성하면서 적적하고, 적적하면서 성성해야 하므로, 처음 시작할 때부터 눈을 평상시처럼 뜨고 명상에 들어가는 습관을 기릅니다. 눈을 평상시처럼 뜨되 앉은 자리로부터 3미터 전방에 시선을 떨굽니다. 시선을 떨군다는 것은 자연스럽게 거기가 보이도록 할 뿐, 어느 한 점을 의식적으로 응시하라는 것이 아닙니다.

다음으로 마음을 편안하게 하며 입을 다물고 코로 천천히 들이마십니다. 아주 가늘게 호흡하여야 하는데, 호흡이 조정되고 마음이 안정되면 숨을 코로 천천히 들이마시면서 옴을 염상(念想)하며, 우주의 근본 원기인 옴의 기(氣)가 들어온다는 것을 굳게 관념합니다.

우주의 에너지는 자력을 갖고 있기 때문에 우리의 생각에 따라 그것과 관계된 에너지가 우리의 몸 안으로 들어옵니다. 이때 들이마신 공기를 생기(生氣)라고 합니다. 이것은 모든 생물체에 삶의 힘을 주는 에너지입니다. 이것이 체내로 들어와 강력한 생명력이 되어 신체의 모든 기관과 모든 세포를 활발하게 활동시키는 것입니다. 이러한 생기가 내 몸속에서 활발하게 작용하고 있다고 염상(念想)하는 것입니다.

이렇게 염상하며 조용히 숨을 들이마시고 관념(觀念)의 힘으로 들이마신 생기를 아랫배로 보냅니다. 잠시 호흡을 멈추고 생기가 아랫배에 충만하였다는 것을 굳게 염상(念想)합니다.

숨을 들이마시되 너무 가득 마시려고 하지 마시고 자연스럽게 합니다. 들이마신 호흡을 잠시 멈추었다가 숨을 내쉴 때는 천천히 코로 내뿜되 억지로 모든 공기를 다 내뿜어내려고 하지 말고 아주 자연스럽게 합니다.

이렇게 심호흡을 하면 육체적 피로와 정신적 피로가 회복되고, 마음이 안정되며, 몸이 가벼워지고, 머리가 맑아집니다. 이런 호흡은 앉아서 하는 것이 기본자세이지만 피로했을 때나 정신이 착잡할 때, 혹은 잠이 오지 않을 때는 누워서 하는 것이 효과적일 수 있습니다.

명상(瞑想)이라고 하면 사람들은 대부분 조용한 장소에서 고요히 앉아 눈을 감고 하는 것으로만 믿고 있습니다. 하지만 그렇지만은 않습니다.

간화선(看話禪)에서 가고, 오고, 앉고, 서고, 눕고, 말하고, 침묵하는 등 일체처(一切處) 일체시(一切時)에 화두(話頭)를 놓치지 않고 챙기듯이, 명상을 할 때에도 명상의 대상인 염상(念想)을 놓치지 말아야 합니다. 여기서는 옴이 염상입니다. 그래야 삼백육십 마디가 무너지는 죽음이 닥칠 때 평상시에 수행하던 대로, 한 생각으로 집중된 염상이 흩어지지 않습니다.

238

혹 명상 중에 졸음이 와 시달릴 때는 눈을 크게 뜨고 입으로 숨을 크게 들이켜면서 "옴" 소리를 냅니다. 그러나 옆 사람에게 방해가 될 경우에는, 소리를 내지 말고 속으로 소리를 내며 우주의 모든 에너지가 입안으로 빨려 들어온다는 생각으로 숨을 들이킵니다. 아랫배에 기(氣)가 모임을 관념하면서 숨을 멈추었다가 코로 서서히 내뿜으면서 모든 공기를 내뱉습니다. 아랫배가 등에 붙도록 하여 숨을 최대한으로 참았다가 다시 입으로 들이켜면서 우주의 원기인 옴의 생기가 내 몸으로 들어옴을 관념하기를 서너 번 하면 졸음이 물러갑니다. 그래도 졸음이 물러가지 않거든 자리에서 일어나 밖으로 나와 경행을 합니다.

우리는 하루에 많은 시간을 움직이는데 경행은 몸의 움직임을 알아차리며 심호흡을 하고 우주의 원기인 옴을 관념하면서 가볍게 걷는 수행입니다.

경행의 순서는 서고, 가고, 돌고, 가고를 반복하면서 옴을 놓치지 않고 염상합니다. 그리고 경행을 할 때는 먼저 왕복할 수 있는 일정한 거리를 확보해서 몸의 자세를 반듯하게 하고 정면을 향하여 섭니다. 몸의 긴장을 풀고 두 손을 모아서 앞으로 잡습니다. 그리고 경행하면서 옴을 염상합니다. 옴을 염상할 때는 항상 심호흡이 따라와야 합니다.

걸음은 빠르지도 느리지도 않게 자연스럽게 하고, 앞으로 갈 때는 반듯하게 일직선으로 걷습니다. 걸으면서 옴이 주는 힘, 온 우주의 에너지가 나의 호흡 속에 빨려 들어오는 느낌을 염상하면서 걷습니다.

눈은 좌우로 두리번거리지 말고, 서너 걸음 앞의 바닥을 봅니다. 처음에는 약간 빨리 걷다가 차츰 적당한 속도를 유지합니다. 경행을 할 때 지나치게 천천히 걸으면 몸이 긴장되어 "옴"이 가져다주는 기운을 느끼지 못합니다.

경행하면서 옴을 염상하는 것이 숙달되면, 일상생활에서 가고, 서고, 눕고, 구부리고, 돌고, 허리를 펴는 등의 움직임 속에서도 연속될 수 있습니다.

아침에 잠에서 깨어날 때 바로 일어나지 말고 누운 채로 자신의 몸과 마음을 알아차리며, 옴을 염상(念想)하며 심호흡을 대여섯 번 한 뒤에 천천히 일어납니다. 이렇게 하루의 시작을 옴 명상으로 열게 되면, 그 좋은 파장으로 하루를 좋게 이끌어가게 됩니다.

저녁에 잠을 자려고 할 때는 누운 채로 자신의 몸과 마음을 알아차리며 옴 명상으로 잠을 청합니다. 이것은 하루의 시작과 끝을 옴 명상으로 함께 하는 것입니다. 잠을 자려고 침대에 누우면 몸이 최대로 이완되기 때문에 옴 명상이 순조롭게 이루어지며 숙면을 취할 수 있습니다.

누워서 옴 명상을 하면 금방 잠이 드는데, 이렇게 명상을 하면서 잠이 들면 숙면을 취할 수 있어서, 악몽을 꾸거나 선잠을 자지 않게 됩니다. 만일 잠이 오지 않을 때는 잠을 못 잘 것 같은 불안한 마음이 자꾸 여러 생각을 일으켜서 더욱 잠을 이루지 못하게 됩니다. 그럴 때는 억지로 잠을 자려고 하지 말고, 앉아서 옴 명상을 하면 불안한 마음이 사라지고 잠이 옵니다.

이렇게 매일 잠들기 전에 정신이 혼미해질 때 옴 명상을 하면 죽을 때에도 정신이 매하지 않고, 다음 생을 결정하는 재생연결식(再生連結識)이 깨어 있어 악도에 떨어지지 않을 것이며, 다음 생을 지혜와 함께 시작할 수 있을 것입니다.

현세에서 옴 명상과 더불어 행해지는 심호흡은 체내의 노폐물을 밖으로 배출시키므로 체세포가 활성화되어 질병에 대한 저항력 강화로 모든 질병을 물리칠 수 있고, 또 뇌세포가 활성화되어 기억력, 창의력, 암기력, 집중력을 높여주며, 치매가 오지 않는 건강한 뇌를 계속 유지할 수 있게 해줍니다.

우리는 잠자는 시간을 빼면 하루 15시간 이상 활동을 합니다. 걷고, 서고, 앉고, 눕고, 주위를 둘러보고, 옷을 입고, 말을 하고, 침묵하고, 먹고, 마시고, 대소변을 볼 때에, 옴 명상을 계속해야 합니다. 생활 속에서 수행을 놓치지 않기란 쉽지 않습니다. 하지만 계속 노력을 하게 되면 놓아버리려고 해도 놓치지 않게 되어, 잠자는 동안 꿈 가운데에서도 한결같게 됩니다.

이렇게 되면 번뇌가 일어날 틈이 없어 옴의 에너지 속에 내가 녹아들어 우주와 내가 하나가 됩니다.

공간과 시간이 제로(0)점에 이르고, 물질과 정신, 기(氣)와 힘(力), 빛(光)과 소리(音)가 공(空)에 이르러, 우주의 근원인 옴에 계합합니다.

비록 이 경계가 승묘(勝妙)한 경계이지만 아직 대오(大悟)는 아닙니다. 백천 길이나 되는 낭떠러지에서 한 발자국 나아가 죽었다가 살아나야 합니다. 그래야 큰 깨달음이 있습니다.

이때에는 반드시 선지식을 찾아가 참문해야만 합니다. 선지식이 묻는 공안에 막힘이 없어야 하고, 만약 막힘이 있으면 막힌 공안을 화두 삼아 참구해야 합니다. 지금까지 수행한 정력(定力)이 있어, 화두의정이 돈발할 것입니다. 화두삼매에 들어 청정무구한 경지에 이르면, 선지식의 말 한마디나 육진경계(六塵境界: 色聲香味觸法)에 특별한 부딪힘을 받으면 그 순간 화두의정이 깨지면서 본성품 진여자성(眞如自性)인 참나를 깨닫습니다. 이때 깨침 아리랑을 부릅니다.

경허선사 오도송(鏡虛禪師 悟道頌)

忽聞人語無鼻孔하고
홀 문 인 어 무 비 공

頓覺三千是我家라
돈 각 삼 천 시 아 가

(후렴) 아리랑 아리랑 아리리요
　　　아리랑 고개로 넘어간다

六月燕岩山下路에
유 월 연 암 산 하 로

野人無事太平歌로다
야 인 무 사 태 평 가

(후렴) 아리랑 아리랑 아리리요
　　　아리랑 고개로 넘어간다

242

경허선사 오도송(해석)

　　　　홀연히 콧구멍 없다는 소리를 듣고
　　　　몰록 삼천세계가 내 집임을 깨달았네
(후렴) 거짓나를 버리고 참나를 깨달으니
　　　　거짓나를 버리고 참나를 깨달으니
　　　　이렇게 좋을 수가
　　　　거짓나를 버리고 참나를 깨달은 고개로 넘어간다

　　　　유월 연암산 아래 길 위에서
　　　　일 없는 들사람이 태평가를 부르는도다

(후렴) 거짓나를 버리고 참나를 깨달으니
　　　　거짓나를 버리고 참나를 깨달으니
　　　　이렇게 좋을 수가
　　　　거짓나를 버리고 참나를 깨달은 고개로 넘어간다

열 번째 마당

문수대에서 있었던 일

산새들의 지저귐이 요란하여 밖에 나와 보니 아침안개가 커다란
바다를 이루었습니다. 태양을 삼킬 듯이 입으로 신선한 공기를
심호흡으로 우주에 가득 찬 생기를 들이마시니, 간밤에 좌선을
하느라 피로한 심신이 일시에 상쾌해졌습니다.

꽤 오래된 일입니다. 화엄사, 쌍계사와 더불어 지리산의 삼대 사찰 중 하나인 천은사 선원에서 여름 안거를 지내고 곧바로 해발 1,507미터 노고단 아래에 있는 문수대에서 가을 한 철을 지낸 적이 있습니다. 하안거는 스님들이 음력 4월 15일부터 7월 15일 백중까지 석 달 동안 일주문 밖 사찰 경내를 벗어나지 않고, 새벽 3시부터 저녁 9시까지 벽을 바라보고 앉아 참선 수행을 하는 수행기간입니다.

그때 선원 대중은 이십여 명이 되었습니다. 그때 제가 선원 입승(立繩) 소임을 맡았습니다. 입승은 선원 내에서 일어나는 모든 문제를 지휘, 통솔하는 소임입니다. 대중들 중 누가 입선, 방선을 지키지 않는다거나, 입선 중 무단이탈하거나, 입선 중 심하게 졸거나, 취침시간을 지키지 않고 무단으로 산문 밖에 나간다거나 하는 등의 대중규칙에 어긋나는 일을 하는 자에게 벌칙을 내리는 소임입니다. 그리하여 대중 질서가 깨지지 않게 하여 정진 분위기를 잘 조성하는 막중한 소임입니다.

이런 소임을 맡게 되는 스님은 승납도 있어야 하고, 선원생활에도 많은 경험이 있어서 선원규칙을 잘 알아야 하며, 대중들의 신망도 있어야 합니다. 하지만 신경 쓸 일이 많은 소임이라 본인의 참선수행에는 지장이 많습니다. 그래서 충분한 자격을 갖춘 스님들끼리 서로 맡지 않으려고 사양을 합니다. 나도 마냥 사양하다가 대중스님들의 간곡한 부탁에 못 이겨 소임을 맡게 되었습니다. 하안거를 마쳤지만 맡은 바 소임으로 인해 여름 한 철 공부가 미진하게 여겨져서 이를 만회하고 싶은 마음에, 누구하고도 만나지 않고 지낼 수 있는, 노고단 밑 해발 1,300미터에 있는 문수대로 올라갔습니다.

때마침 문수대에 살던 스님이 여름 안거 후 내려와 비어 있다고 하여, 천은사 주지스님께 부탁하여 올라가게 되었습니다. 문수대는 유명한 도량이라 참선 수행자들은 한번쯤 살고 싶어 하는 곳입니다. 비어 있기도 어렵고, 또 비어 있다고 아무나 가서 살 수 있는 곳이 아닙니다. 관리권은 화엄사 주지스님께 있기 때문에 천은사 주지스님을 통하여 허락을 받고, 또 천은사 주지스님이 석 달 식량과 부식 그리고 일용품을 챙겨 짐꾼을 사서 문수대까지 가져다주었습니다.

노고단(老姑壇)은 신라 때 화랑들이 지리산에서 수련을 하면서 지리산 여산신인 노고 할매에게 산신제를 올렸던 곳으로, 지금도 그 제단이 있어서 노고단이라 합니다. 얼마 전만 해도 청학동에서 은거하며 신선도를 닦던 도꾼들이 봄, 가을제를 올렸습니다.

반야봉과 천왕봉 쪽으로 가는 등산로는 노고단 북쪽 방향으로 길이 나 있고, 문수대는 반대쪽인 남쪽 길로 돌아가면 노고단 봉우리에서 뻗어 내려오는 산 능선이 뭉쳐 끝인 절벽 밑 남향으로 자리를 잡아 앉아 있습니다. 문수대에서 앞을 바라보면 좌청룡, 우백호가 첩첩이 쌓이면서 문수골을 만들었고, 골짜기 물을 막아 저수지가 만들어져 있고, 그 아래로 토지면 넓은 들이 펼쳐져 있습니다. 들 앞에는 섬진강이 흐르고 섬진강 건너에는 노적 봉우리 같은 다섯 개의 봉우리가 오봉산을 만들었고, 왼쪽에는 광양 뒷산인 백운산과 억불봉이 보이고, 오른 쪽으로는 구례읍 건너편 원효, 의상, 혜철, 도선 네 성인이 머물렀다는 사성암(四聖庵)이 있는, 자라같이 생긴 오산(鼇山)이 보입니다. 시원하게 멀리 펼쳐진 안대를 바라보면 풍수지리를 모르는 사람도 천하명당임을 금방 알 수 있습니다.

지리산(智異山)은 우리나라 오악인 금강산, 지리산, 묘향산, 백두산, 삼각산 중 남악에 속합니다. 지리산은 어리석은 사람일지라도 이 산에 머무르면 지혜로운 사람으로 달라진다고 해서, '지혜 지(智)', '다를 리(異)', '메 산(山)', 지리산이라 하며, 또 멀리 백두대간(白頭大幹)이 흘러왔다 하여 두류산(頭流山)이라고도 하며, 옛 삼신산(三神山)의 하나인 방장산(方丈山) 또는 삼신산이라 부르기도 합니다.

전남 구례군, 전북 남원시, 경남 함양군, 하동군, 산청군으로 이어져, 3개 도, 1개 시, 4개 군, 15개 읍, 면이 걸쳐 있는 넓은 면적을 품고 있는 산입니다. 천왕봉은 해발 1,916미터나 됩니다. 숲이 울창하고 골이 깊어 물이 풍부하고 토산이라 어디에나 개간

하여 밭을 일구어 곡식을 심으면 잘 자랍니다. 갖가지 약초와 산나물이 많이 나고 온갖 짐승과 산새들이 살기 좋은, 어머니 품처럼 푸근한 산입니다. 산이 깊고 물이 풍부하고 어디에도 작물이 잘 자라 여러 방면 수행자들이 숨어 은거하면서 도 닦기에 좋은 산입니다.

　지리산에는 삼백여 개의 크고 작은 사찰과 암자, 토굴이 있는데, 그 중에서 가장 뛰어난 수행처로는 문수대, 상무주, 묘향대, 이 셋을 꼽습니다. 문수대에는 전해 내려오는 이야기가 있습니다. 옛날 발심한 두 젊은 스님이 겨울 안거를 이곳에서 장좌불와(長坐不臥) 용맹정진하기로 하고 두 사람 분 식량과 땔감을 준비했습니다. 동안거 결제 전날인 음력 10월 14일이었습니다.

　저녁 해질 무렵에 난데없이 어느 노스님이 바랑을 메고 들어오는 것이었습니다. 두 젊은 스님은 난감하게 생겼습니다. 식량이 두 사람 분밖에 안되어 식량이 부족하여 안 된다고 하는데도 노스님은 막무가내였습니다. 절집 규율에 결제 전날 들어온 객을 쫓아낼 수가 없게 되어 있습니다. 왜냐하면 모든 전국 사찰들의 승려들은 결제가 되면, 살림을 맡은 소임자 외에는 산문 밖에 나가 다니지 못하게 되어 있기 때문입니다. 결제 이후 해제일 전까지는 다른 사찰에서 객을 받아주지 않게 되어 있습니다.

　이 두 젊은 스님은 꾀를 냈습니다. 석 달 동안 눕지 않을 것이며, 좌선 중에 조는 사람은 옆 사람이 사정없이 몽둥이로 때리기로 했습니다. 이렇게 하면 나이 많은 노승은 체력이 딸려 졸게 될 것이고, 그러면 몽둥이로 두들겨 맞다가 견디지 못하여 달아나리라 생각했습니다. 그리하여 물푸레나무 몽둥이를 만들어 각자 하나씩 옆에 두고 좌선을 하게 되었습니다.

결제하여 밤낮 쉬지 않고 좌복 위에 앉아 용맹정진을 하는데, 노승은 마냥 조는 것이었습니다. 두 젊은 스님들은 노스님을 중간에 앉혀놓고 노스님이 졸 때마다 번갈아가며 몽둥이로 때렸습니다. 물푸레나무 몽둥이로 어깨를 힘주어 때리니 노승은 무척 아팠겠지만, 조금도 인상을 찌푸리지 않고 경책을 해주니 감사하다는 표시로 합장하며 고개를 숙여 절을 했습니다. 젊은 스님들은 노스님이 일주일도 견디지 못하고 달아날 줄 알았는데, 그렇게 두들겨 맞으면서도 잘도 버티었습니다.

이렇게 한 달쯤 가자 노승은 졸지 않고 젊은 스님들이 졸기 시작하는 것입니다. 그러자 노승이 젊은 스님들을 두들겨 잠을 깨워 열심히 정진하도록 경책을 했습니다. 이렇게 세 스님들이 열심히 정진하고 정월 보름 해제 날이 되었습니다.

노스님은 바랑을 메고 떠나려고 하면서 두 젊은 스님들에게 덕분에 정진 잘하고 간다고 고마워하며 인사를 했습니다. 그러자 한 스님이 "어디로 가시렵니까?" 하고 묻자, "허공 무착사로 갈렵니다." 하고는 바랑을 허공으로 휙 던지니, 바랑이 청사자로 변하고 노승은 청사자를 타고 오색구름 속으로 사라지는 것이었습니다. 그때야 두 스님은 노승이 문수보살 화신인 줄 알고 허공을 향하여 절하면서, 문수보살을 옆에 모시고 한 철을 지내면서도 문수보살인 줄 몰랐던 자신들의 우매함을 한탄하였습니다. 그리고 더욱 분발하여 열심히 정진하여 크게 깨쳤다고 전해 내려옵니다. 그 뒤로 이곳을 문수대라 칭하였습니다.

나는 안내자 겸 짐꾼인 처사님을 뒤따라, 사람들의 발길이 닿지 않은 좁은 산길을 헤치고 문수대에 이르렀습니다. 주위를 살펴보니 깨어진 기와조각과 질그릇이 여기저기에 흩어져 있는 것으로 보아, 옛날 한때는 버젓한 기와지붕을 한 암자가 있었고, 대중들이 모여 살았을 법도 하였습니다. 언제 암자가 없어졌는지 알 수 없고, 빈 공터에 몇 년 전에 한 스님이 지은 작은 움막이 있었습니다.

동그랗게 쌓은 돌담 가운데에 통나무로 우물 정자형 귀틀을 맞추고 틈을 흙으로 메워 바람을 막았고, 구들을 놓아 정사형 방을 만들었습니다. 지붕은 돌담에서부터 둥근 부채꼴로 서까래를 걸쳐 그 위에 산죽을 두텁게 덮었습니다. 돌담 산죽 지붕 밑에 네모난 방이 만들어졌고, 나머지 공간은 부엌도 되고 나뭇간도 되고 살림살이를 넣어두는 창고도 되었습니다.

방에 들어가 앉아보니 안방문과 돌담 부엌문이 정남향으로 일직선상에 있어, 두 문을 활짝 열어젖히면 저 멀리 앞산이 보여 답답하지 않고 아늑하였습니다. 그러나 일어서니 나의 작은 키에도 머리에 천장이 닿았습니다. 방 크기는 한 평 남짓이었고, 동서로 누우나 남북으로 누우나 머리가 닿을 둥 말 둥 하였습니다. 이 집을 지을 때, 그 스님께서는 눕지 않고 장좌불와 할 각오였는 듯합니다. 그래서인지 이부자리와 베개가 없고 큰 좌복과 작은 뒷좌복만 있었습니다.

젊은 한 스님이 이번 하안거를 이곳에서 보내고 떠난 지가 열흘도 되지 않아 도량은 깨끗하게 정리정돈이 잘 되어 있었습니다. 식량도 꽤나 남아 있었고, 감자와 버섯, 된장, 고추장, 깨장아찌 등 부식과 밑반찬이 쥐가 입을 대지 못하도록 잘 단속되어 있었습니다. 장작도 부엌 한 구석에 차곡하게 쌓여 있었습니다. 텃밭에는 봄에 심어둔 호박, 오이, 가지, 고추가 잘 자라 제법 달려 있고, 가을 김장 무, 배추가 꽤나 자라 있었습니다. 여기다가 시금치와 아욱, 상추도 심어져 있어서 반찬 걱정은 하지 않아도 풍성한 가을 식탁이 될 것 같았습니다.

집 뒤 절벽 밑 바위틈에서 석간수가 제법 많이 솟아오르고 물맛도 좋았습니다. 샘가에 엎어 놓은 빈 그릇이며 간장독, 된장독이 질 정리된 것으로 봐서 토굴생활을 많이 해본 살림꾼인 듯했습니다. 내가 할 일은 별로 없고 집 주위의 잡초와 텃밭 손질하는 것밖에 없을 것 같았습니다. 해발 1,300미터의 고지이고, 남향집이라 일조량이 많아 해가 서산에 늦게 지지만 해가 떨어지면 이내 어둠이 짙어집니다. 해지기 전에 서둘러 밥을 짓고 군불을 땐 숯불에다 된장을 풀어 감자와 표고버섯, 갓 따온 애호박과 풋고추를 넣어 찌개를 만들어 시장한 배를 잔뜩 채웠습니다. 첫날 첫밥은 꿀같이 맛있었습니다.

설거지를 마치고 앞마당에 나와 저 멀리 서쪽 산마루에 해가 붉은 노을만 남기고 사라지고, 골짜기에서는 밤안개가 피어오르는 것이 보였습니다. 유정(有情)들이 잠들고 무정(無情)들이 깨어나 속삭이는 듯, 들릴 듯 들리지 않는 소리, 그 속에 흐르는

252

전율이 몸속으로 스며들어 오싹한 냉기를 느꼈습니다. 그래서 방으로 들어와 호롱불을 켜놓고 좌복 위에 앉아 참선 수행에 들어갔습니다.

아직 방구들장 성질을 알지 못하여 불 조절이 안 되어 너무 뜨거웠고, 방이 좁아 공기가 답답하여 이내 밖으로 나와 마당을 거닐었습니다. 어두움 속에서 귀뚜라미를 비롯한 밤벌레들이 합창하여 울어대기 시작하고, 반딧불이 이곳저곳으로 날아다녀 번쩍번쩍 하는 게 밤 짐승들의 눈빛 같아 긴장이 되었습니다. 낮에 활동하던 다람쥐와 청설모는 제 굴로 들어가 버렸고, 산새들도 둥지로 돌아간 조용한 숲속에는 야행성 동물들이 서서히 움직이기 시작하였습니다. 깊은 산중에 혼자서는 처음이라서 그런지 머리끝이 쭈뼛거려서 이내 방으로 들어와 다시 좌복 위에 앉았습니다.

그런데 천장에서 쿵덩쿵덩 쥐들이 뛰기 시작했습니다. 소리가 어찌나 큰지 일어나서 천장을 손으로 치면서 "조용히 해라!" 했더니, 이제는 부엌에서 나무를 갉아대거나 사랑싸움을 하는지, 장난을 치는지 찍찍거리며 이리 뛰고 저리 뛰는 것이었습니다. 발자국 소리나 찍찍거리며 뛰어다니는 것이 분명 집쥐 같았습니다. 그렇다면 민가가 멀리 떨어져 있는데, 어떻게 여기까지 집쥐가 와서 살게 되었을까? 가장 가까운 데가 화엄사로, 7킬로미터나 떨어져 있는데, 그 종종걸음으로 이곳까지 왔단 말인가?

생각하면 생각할수록 풀리지 않는 수수께끼였습니다. 밤이 깊어질수록 주위의 소리에 민감해진 나는, 좌복 위에 앉아 '지난여름 안거 동안 입승 소임을 보느라 정진을 제대로 못했는데, 한번 열심히 정진해야지.' 하고 밤을 새워 피곤함을 참아가며 정진했습니다. 쥐들은 밤새워 소란을 피웠지만, '너희들은 너희들대로 소란을 피워라. 나는 신경 쓰지 않겠다.' 하고는 졸음을 깨워주는 경책으로 삼았습니다. 정 고단하면 벽에 기대어 졸았습니다.

다음날 아침 산새들의 지저귐이 요란하여 밖에 나와 보니 아침안개가 커다란 바다를 이루었습니다. 여기저기 솟아오른 산봉우리들은 섬처럼 떠 있고, 붉은 해가 바다 같은 운해(雲海) 속에서 떠오르는 것이었습니다. 장관이었습니다. 태양을 삼킬 듯이 입으로 신선한 공기를 심호흡으로 우주에 가득 찬 생기를 들이마시니, 간밤에 좌선을 하느라 피로한 심신이 일시에 상쾌해졌습니다. 나도 모르게 '아! 이곳이 이래서 명당이구나!' 하고 소리를 냈습니다. 아침을 해먹으려고 부엌에 들어가 보니 여기저기에 쥐똥이 있는 것이 보였습니다. 분명 집쥐가 맞았습니다. '참 신기하기도 하다. 어떻게 이 높은 외딴 곳까지 집쥐가 와서 언제부터 살게 되었을까? 훔쳐 먹을 곡식도 없는데, 무엇을 먹고 사는가?' 의심이 풀리지 않았습니다.

밤이 오자 또 쥐들이 설치기 시작했습니다. 한 가족인 듯 이리 몰려가고 저리 몰려가는 것이 대여섯 마리는 되는 듯 했습니다. 좀 짜증이 나지만 어찌할 수가 없었습니다. 며칠 후 저녁을 먹다가 문득 쥐들의 처지를 이해할 것도 같았습니다. '우리들은 먹을 것이 없어 배가 고파 죽을 지경인데, 스님은 맛있는 음식을 혼자서 배불리 먹으면서 냄새만 풍기고 있어. 밤마다 소란을

254

피워서 스님을 괴롭혀 주자.' 그런 생각으로 저리 소란을 피우나 싶어서, 밥 몇 숟가락을 깨진 질그릇 위에 올려놓았습니다.

다음날 아침에 보니 한입도 대지 않은 채 그대로 있었습니다. 그 다음날도, 그 다음날도 며칠을 놔두어 보았지만, 여전히 그대로였습니다. 아마 쥐약을 타서 자기네들을 죽이려고 한 것으로 의심하여 먹고 싶은 유혹을 참고 먹지 않은 것 같았습니다. 나로서는 어떻게 제도할 수 없겠다 싶어 포기를 했습니다. 그렇지만 밤마다 소란을 피우니 여간 신경이 쓰이지 않았습니다.

저녁때는 다음 날 아침을 지어먹기 위해 미리 쌀을 씻어 덮어 놓곤 하였는데, 어느 날 아침 부엌에 가보니 씻어놓은 쌀을 쥐들이 다 먹어치워 버렸습니다. 아마 잘못 덮어 놓아 쥐들이 들어갈 수 있었나 봅니다. 그것을 본 순간, '아! 알았다. 쥐 네놈들은 훔쳐 먹는 것이 니들 업이로구나. 훔쳐 먹는 것은 절대로 독약이 들어 있지 않다는 것을 윗대로부터 교육을 받았구나.'

그래서 그날 저녁때는 저녁밥을 먹으면서 밥을 깨어진 질그릇에 담고 다른 그릇으로 덮어놓되 쥐가 들어갈 수 있도록 돌을 괴어 놓았습니다. 그 다음날 아침에 보니 생각한 대로 쥐들이 다 먹어치웠습니다. 이렇게 여러 날 동안 밥을 주다가, 이번에는 예전처럼 다른 그릇으로 덮지 않고 놔두었더니 역시 먹어치웠습니다. 이렇게 매일 밥을 주니 밤마다 소란을 피우던 쥐들이 조용해졌습니다. 쥐들도 내 뜻을 알고 있구나 생각하니, 한 식구 같은 생각이 들었습니다.

점심을 먹고는 망태를 메고 절을 나섰습니다. 산에 가서 약초도 캐고 머루, 다래, 잣, 오미자를 따고 밤을 주웠습니다. 마당 끝 절 입구 돌담 밑에는 커다란 살모사가 똬리를 틀고 햇볕을 쬐고 있다가 나를 본 순간, 섬뜩 놀라 돌 사이 구멍으로 사라집니다. 나도 놀랐습니다. 이렇게 몇 번 마주치다 보니 나중에는 살모사도 나를 알아보고 피하지도 않고 혀를 날름거리지도 않고 햇볕을 즐깁니다. 나도 역시 이 도량을 지켜주는 신장으로 여겨 싫은 기색 없이 잘 지냈습니다.

문수대는 등산로가 아니고 길이 나 있지 않아 여러 날이 있어도 찾아오는 사람이 없습니다. 그러나 약초를 캐는 약초꾼이나 뱀을 잡는 땅꾼은 어쩌다 한 번씩 들립니다. 그들은 이곳에 와서 점심을 먹곤 하는데, 그들은 언제 어떤 스님이 살았고, 언제는 이런 스님이 살았다는 등 문수대의 역사를 훤히 알고 있었습니다. 그런데 땅꾼이 오는 날에는 대문 앞 축대 밑 살모사는 어떻게 아는지 나오지를 않습니다. 영특하기 짝이 없습니다. 살모사도 이 좋은 도량에서 도를 오랫동안 닦아 식(識)이 맑아져서인지 자기를 잡아가려는 땅꾼이 올 것 정도는 아는 것 같았습니다.

문수대는 높은 산 위에 있으므로 비가 오거나 흐린 날은 구름 속에 파묻힙니다. 어떤 때는 일주일 가량이나 구름 속에 파묻혀 해를 볼 수 없는 경우도 있습니다. 그런 때에는 방안에서 좌선을 하고, 날씨가 좋은 날엔 점심을 먹고 나서 산에 가서 마가목, 오가피를 베어 오고 당귀를 캐어 군불을 땐 뒤 숯불에 차도 다려서 마시곤 했습니다. 마가목(馬加木)을 달여 먹으면 무릎 관절이 튼튼해지고 발이 가벼워진다고 합니다. 말이 장거리를 달릴 수 있는 것은 무릎이 튼튼하고 발이 가볍기 때문입니다. 그래서 이 나무를 달여 먹으면 말 무릎처럼 튼튼해지고 발이 가벼워진다고 해서 마가목이라고 한답니다. 마가목을 톱으로 베어와 잘게 쪼개어 차관에 넣고 푹 달이면 불그스레한 빛이 나고 향기로우며 약간 쌉쓰레한 맛이 나는데, 설탕을 좀 넣어서 마시면 그 맛이 일품입니다.

오가피(五加皮)는 다섯 집 식구들이 이 차를 마시고 몸이 가벼워져서 신선이 되어 하늘로 날아갔다 하여 그런 이름이 붙여진 것이라고 합니다. 이 차 역시 향기로우며 부드러워 마시기에 좋습니다. 당귀(當歸)는 머리는 지혈, 피를 멈추게 하고, 몸통은 보혈(補血), 피가 만들어지게 하고, 잔뿌리는 사혈(瀉血), 나쁜 피를 밖으로 내보내는 작용을 한다 하여 한약재로 많이 사용합니다. 당귀 역시 연하게 달여서 설탕을 적당히 넣어 마시면 피로가 풀립니다.

이렇게 산에서 채취한 재료로 달여 마당가 나무 아래 돌 평상에 앉아 차를 마십니다. 그때 새소리, 풀벌레소리, 바람소리, 물소리를 듣고 있노라면 신선이 따로 없습니다. 이때 이태백의 시가 떠오르지 않을 수 없습니다.

問汝何事棲碧山　笑而不答心自閒
문 여 하 사 서 벽 산　소 이 부 답 심 자 한

桃花流水杳然去　別有天地非人間
도 화 유 수 묘 연 거　별 유 천 지 비 인 간

내 그대에게 묻노니
어찌하여 이 깊은 산에서 홀로 사는고
빙그레 웃을 뿐 답이 없구나
하지만 내 그대 뜻을 알겠네
도화꽃은 떨어져
흐르는 물 위에 마냥 떠내려가고
아! 이곳이 별천지
인간세상이 아닌 것 같구려

　　머루, 다래, 어름, 오미자를 따오고, 도라지, 더덕을 캐서 고추장을 발라 숯불에 구워서 반찬으로 먹었습니다. 주위에 잣나무가 많이 있어서 잣송이를 따오곤 했습니다. 저녁 군불을 땔 때 숯불에다 잣송이를 얹어놓으면 송진이 다 빠지고 잣이 익습니다. 송진이 빠진 잣송이를 발로 문지르면 고스란히 오지게 빠집니다. 빠진 잣을 물에다 씻으면 속이 빈 잣은 물 위에 뜨고 속이 찬 잣은 가라앉습니다. 가라앉은 잣을 방바닥에 널어 말리고 때때로 까먹으면 아주 고소하여 그 재미가 쏠쏠합니다. 잣을 이로 까먹기는 힘들고 펜치 같은 것도 없어서 궁리 끝에 잣을 까는 도구를 만들었습니다. 엄지손가락 두께의 물푸레나무를 30센티미터 가량 잘라서 중간에 잣알이 충분히 들어가도록 홈을 파서 잣알을 넣고 아랫부분을 발로 밟고 위쪽을 손으로 잡고 앞으로 당기면 잣 껍데기가 똑 하고 깨지면서 속에 든 부드러운 잣 알갱이가 나옵니다.

258

다람쥐들은 참 영리합니다. 제법 많은 다람쥐들이 도량에 부지런히 다니면서 겨울 준비에 바쁩니다. 같이 산지가 한 달이 지나니, 이제는 제법 가까워져서 발밑에까지 와서 놀고 잣알을 손바닥에 놓고 "쭈, 쭈, 쭈" 하고 부르면 손에 올라와 잣을 두 볼에 잔뜩 넣어 갑니다. 이때 물에 뜬 알갱이가 없는 빈 잣과 알갱이가 여문 잣을 섞어서 손바닥에 놓고 손을 벌리면 어떻게 아는지 빈 잣은 거들떠보지도 않고 여문 잣만 골라서 가져갑니다.

지리산의 가을은 머루, 다래, 어름, 오미자, 돌복숭아, 돌배, 도토리, 잣, 밤, 감 등 온갖 열매로 풍성합니다. 시월 중순이 지나자, 단풍이 들기 시작하여 울긋불긋 단장하기 시작합니다. 두 달이 가까워지자 이제 나도 산 사람이 다 되어 산과 나, 자연과 내가 하나가 되는 듯합니다.

어두운 한밤중에 밖에 나와 뜨락을 걸어도 조금도 어설프지 않고 풀벌레소리, 물소리, 바람소리, 낙엽 뒹구는 소리가 한데 어우러져 자연의 오케스트라로 들립니다. 이름 모를 풀과 꽃, 바위 틈바구니에 어렵게 자라는 풀과 나무, 지붕 위의 풀과 발밑에 밟히는 한 포기의 풀까지 하나의 소중한 자연의 주인공들이기에 감히 건드리지 못할 지경이었습니다. 마당가에 버티고 있는 커다란 바위에서는 문수대의 역사를 읽을 수 있고, 숲속에서는 온갖 산짐승들의 숨은 비화가 들리는 듯했습니다.

검은 비단 위에 보석을 뿌려 놓은 듯한 밤하늘의 별들에게서는 천지창조의 신비한 전설이 들렸습니다. 달이 휘영청 밝은 달밤이면 감미로운 베토벤의 월광곡이 어디선가 들려오는 듯하고, 노랗게 피는 달맞이꽃에서는 꿈 많은 소녀의 읊조리는 시를 들었습니다.
그때 문득 떠오른 시상(詩想)을 나는 한시로 이렇게 읊었습니다.

智異山頂一輪月　　獨照乾坤江山靜
지 리 산 정 일 륜 월　　독 조 건 곤 강 산 정

何事衲僧睡不得　　不知一字無無無
하 사 납 승 수 부 득　　부 지 일 자 무 무 무

지리산 위에 둥근 달이 떠
홀로 하늘과 땅을 비추는데 강산은 고요하구나
어찌하여 납승은 잠을 이루지 못하는가
알 수 없는 한 글자 화두 무(無)자 때문이니라

무정(無情)이 설법함에 유정이 듣고, 유정(有情)이 문답함에
무정이 해득하는 밤이었습니다.

원효대사는 초심자들을 발심케 하여 깨우침을 주는 글에서
"높은 산 솟은 바위 아래서는 지혜를 닦은 자가 거처할 곳이요,
그윽한 골 푸른 숲은 참선 수행자가 머무를 처소다."라고 했습니
다. 바로 이곳이 그런 곳이 아닌가 싶습니다.

점심을 먹고 나서는 으레 망태를 메고 산을 돌아다니며 약초
와 산열매를 따는데, 어쩌다 잣나무 밑을 지나다가 보면 잣나무
위에서 잣송이를 따가지고 잣을 까먹던 청설모가 깜짝 놀라 그만
잣송이를 떨어뜨립니다. 슬쩍 그 잣송이를 주워갈 것 같으면
나무 위에서 내려와 뒤쫓아 오면서 쨱쨱쨱… "내 잣 내놔, 내
잣 내놔!" 하면서 따라옵니다. 약자의 것을 강탈하는 것은 도리가

아닌 것 같아서 내려놓으면 재빨리 물고 나무 위로 올라갑니다. 하지만 제 놈은 내가 잣송이를 따서 부엌에 두면 틈을 봐서 잣송이를 훔쳐 달아납니다. 그래도 밉지가 않습니다. 여유가 있기 때문이지요.

산에는 산밤나무가 여기저기 있어 산밤을 주워다가 군불 땔 때 숯불에 구워먹으면 그 맛이 구수합니다. 밤을 꽤나 주워 방 아랫목에다 말렸습니다. 밖에 있는 평상이나 바위에다 널어놓으면 다람쥐나 청설모가 물어가기 때문에 놔둘 수가 없습니다.

어느 날 저녁때, 방문을 열어놓고 좌복 위에 앉아 참선을 하고 있는데, 시커멓고 툭 튀어 나온 눈망울을 가진 커다란 집쥐가, 팔을 한껏 뻗치면 닿을 거리의 문지방에서 고개를 쑥 내밀고 나를 뻐끔히 쳐다보고 있었습니다. 나는 눈을 감은 것처럼 하면서 실눈을 뜨고 움직임 없이 가만히 동태를 살폈습니다. 그는 사라졌다가 얼마 뒤 또 나타나서 까맣게 툭 튀어나온 눈망울을 굴리고 시커먼 코를 벌름거리며 내 얼굴과 아랫목 밤을 번갈아 쳐다보다가 사라지곤 하였습니다. 다음날 또 나타나 한참 내 얼굴을 쳐다보다가 밤톨 가까이 갔다가 사라지고, 가까이 갔다가 사라지기를 반복하더니만 하나씩 물어가기 시작했습니다.

팔을 뻗치면 닿을 거리인데도 대담함을 보였습니다. 다음날은 좀 작은 쥐를 대동하고 문턱에서 고개를 내밀고는 툭 튀어나온 큰 눈망울을 굴리며 내 얼굴을 살피더니만, 작은 쥐에게 시범을 보이는 듯이 밤을 물어가기 시작했습니다. 작은 쥐는 암놈 쥐인듯했습니다. 아내인 듯한 그 쥐는 실눈을 뜨고 미동도 하지 않고 있는 내 얼굴을 보고 코를 벌름거리며 냄새로 그 무엇을 탐지하는 듯하더니 그만 사라져버렸습니다. 커다란 수컷 쥐는 이제는 마음 놓고 물어가기 시작했습니다. 꽤나 많은 밤이 금방 몇 알 남지 않았습니다.

순간 괘씸한 생각이 들었습니다. '염치가 있지. 내 먹을 것을 조금 남겨 두어야지, 모조리 다 가져가려고 해! 이 못된 놈…' 혼을 내주어야지 하고 다시 올 때를 기다려 뒷좌복을 무릎 위에 놓았다가 또 와서 물어가려고 하자, 좌복을 휙 던졌습니다. 그랬더니만 깜짝 놀란 숫쥐는 후다닥 달아난 뒤 다시는 나타나지 않았습니다.

이런 일이 있은 뒤, 평상시와 같이 저녁을 먹을 때, 밥 몇 숟가락을 떠서 늘 하던 대로 그릇 위에 놓았습니다. 다음날 아침에 보니 한입도 대지 않고 그대로였습니다. 그 다음날도, 그 다음날도, 내가 준 밥이 그대로였습니다. 이런 일이 있은 뒤로 쥐들은 다시 천장에서, 부엌에서, 방 주위를 돌면서 소란을 피웠습니다. 그제야 조금 놀라게 하려고 했는데 '내가 너무 했구나.' 하고 후회가 되었습니다. '겨울은 다가오고 모아놓은 식량으로는 이 겨울나기가 턱없이 부족하고 처자권속은 많고 해서 염치불구하고 그런 짓을 했구나.'

"저녁때마다 밥을 주는 것을 보니 마음씨가 착해서 충분히 이해할 만한 분 같아서 좀 가져갔는데, 스님은 있어도 그만, 없어도 그만이잖아. 솔직히 말해서 산에서 나는 도토리, 밤, 잣 같은 산열매는 우리 짐승들 몫이잖아!"

262

이런저런 생각을 하니 미안한 마음이 들었습니다. 죽일 생각은 없었고 그만 가져가라고 경고만 하려고 했는데, 너무 심했나 싶었습니다.

아내 쥐는 "여보! 내가 보기에는 저 스님도 스님이기 전에 인간이잖아요. 내가 보기에는 눈을 감고 화두 삼매에 들어 우리를 알아차리지 못한 것 같지만, 실은 실눈으로 우리들의 일거수일투족을 살피고 있는 것 같아. 조심해!"라고 몇 번이고 당부했을 것입니다.

이런 일이 있고 나자, 아내 쥐는 "여보! 거봐! 저 스님도 인간이라고 했잖아요. 인간은 다 똑같아요. 우리를 못 죽여서 안달이라고. 당신같이 민첩했기 때문에 천만다행으로 살았지만, 당신이 조금만 둔했어봐. 저 인간에게 죽었어. 당신 죽고 나 과부 되면 혼자서 이 어린 새끼들을 어떻게 먹여 살리라고. 아이고! 천만다행이다. 다시는 인간을 믿지 마. 지금까지 우리에게 저녁마다 준 밥 몇 숟갈도 다 우리를 잡아 죽이려고 노린 꼼수였어. 이제는 우리 저녁때 주는 밥, 절대로 먹지 말자고. 언젠가는 거기에 독약을 넣을 거야. 애들한테도 절대로 입대지 말라고 신신당부 해야겠어."

"맞아! 자네 말이 맞아. 저 스님만은 인간 이전에 자비스런 스님인 줄 알았지. 얼마나 많은 우리 종족들이 인간의 간교한 수단에 속아 죽었는데. 자네 말이 맞아. 그래서 자넨 내 마누라시."

놀란 가슴을 쓸어내리며 다시는 인간의 얄팍한 잔꾀에 속지 않으리라 다짐하고 또 다짐했을 것입니다. 얼마나 가정교육이 잘되었는지 어린 쥐들도 유혹에 빠지지 않고 놓아둔 밥을 먹지 않으며 배고픔을 참는 것을 보고 나는 다시 한 번 미안한 생각이 들었습니다.

그리고 내가 자비심이 부족하구나, 한 순간 일어난 괘씸한 생각을 잘 다스리지 못하고 그런 무자비한 행동을 한 내가 아직 공부가 멀었구나 생각하니 부끄럽기까지 했습니다. 한 가정의 생계를 책임지고 있는 가장으로서 처자식을 먹여 살리고자 생명을 담보로 하는 위험한 행동을 한 가장 쥐를 보면서 삶의 귀중함을 알았습니다.

만약 예쁘게 생긴 다람쥐가 와서 밤을 물어갔다면, 그렇게 무자비하게 좌복을 던지지 않았을 것입니다. 다람쥐는 예쁘고 집쥐는 흉측하다고 판단을 한 것은 내 스스로 일으킨 분별심이지, 조물주인 대자연의 입장에서는 미움과 고움이 어디 있겠습니까?

그렇게 아름답던 단풍도 다 떨어지고 앙상한 나뭇가지에 매서운 찬바람만 부는 11월 중순이 되었습니다. 아침이면 샘가에 얼음이 얼기 시작한 음력 10월 초순, 겨울결제가 일주일도 남지 않아 짐을 꾸려 문수대를 떠나면서 못내 아쉬운 것은 다시 집쥐와의 신뢰를 회복하지 못한 것이었습니다. 혹시나 그 쥐가 내 공부를 점검하기 위해 나타난 문수보살이 아니었을까요?

264